# ON
# 리더십에 감수성을 켜다

육군3사관학교 심리학교재 편찬위원 공저

# ON : 리더십에 감수성을 켜다

**육군3사관학교 심리학교재 편찬위원 공저**
**(송경재·정병삼·김대은·최용기·임종민·백우현)**

정가 16,000원
ISBN 978-89-5568-535-0
발행일 2025년 12월 31일

펴낸곳 양서각
펴낸이 신대영·신동해
주소 경기도 가평군 청평면 소돌말길 7-6
전화번호 010-2063-5489

디자인 보라

반품처 서연물류
주소 경기도 파주시 장터고개길 120 창고3
전화번호 010-9228-7723

**송경재** 심리학 박사로 육군3사관학교 심리학과 교수이다. 강원대학교 심리학과를 졸업하고 ROTC 37기로 임관하였다. 고려대학교 대학원에서 심리학 석사와 박사학위를 취득하였으며, 육군3사관학교에서 심리학과장, 리더십센터장, 학술정보원장, 인문학처장 등을 역임하였다. 현재는 사단법인 한국상담학회 군경소방상담학회 학회장과 국방부 사단법인 한국군사회복지학회 부회장을 역임하고 있다.

동명·한빛·청해부대원들에게 전투스트레스와 PTSD 예방에 관한 강의를 하였으며, 방첩사령부 대테러 전문위원, 육군본부 전문선발위원(병영생활전문상담관, 장기복무, 부사관) 활동을 하고 있다. 생명지킴이 경찰들에게 자살예방 교육과 항해사들에게 상담 대화 기술 교육도 하고 있다.

주요 저서로는 「리더의 대화, 상담의 디딤돌(보라, 2023)」, 「군상담 이론과 실제(동문사, 2021)」, 「성인지 감수성 향상 워크북(양서각, 2020)」, 「총성없는 전쟁을 위한 군사심리학(학지사, 2018)」, 「군 리더와 병영상담(학지사, 2016)」 등이 있다. MBC 진짜사나이 300(2018년 11월 2일 방송)과 EBS 미리 가본 대학(2024년 4월 8일 방송)에 출연하였고, 육군3사관학교 공식 유튜브 채널 '3사TV'의 「걸어서 3사 속으로」라는 컨텐츠의 진행을 맡았다.

**정병삼** 육군3사관학교를 35기로 졸업하였고, 임관 후 8사단에서 근무했다. 연세대학교에서 교육상담 전공으로 석사학위를 취득하고, University of Virginia에서 측정평가전공으로 박사학위(Ph.D.)를 취득했다. 육군3사관학교에서는 교육학과장, 심리학과장, 리더십센터장, 인문학처장, 행정과장 등을 역임했다.

저서로서는 「군 교육훈련 관리자를 위한 교수학습의 이해」, 「군 교육훈련 관리자를 위한 교육이론과 실제」, 「jamovi와 spss를 이용한 빈도분석」, 「jamovi와 spss를 이용한 t검정과 일원분산분석」, 「jamovi와 spss를 이용한 다원분산분석과 실험설계」 등이 있다. 교육학 및 심리학 분야 주요 논문으로는 "군 복무가치에 대한 인식이 복학생의 학업과 진로에 끼치는 영향(정병삼, 2025)", "청년의 자기인식이 학업성취와 진로에 미치는 효과(정병삼, 2025)" 등 100여편이 있다.

---

**김대은** 육군3사관학교 심리학과 교수로 재직 중이며, 육군3사관학교에서 심리학 학사 학위를 취득하면서 44기로 임관하였고, Texas A&M University에서 심리학 석사, 고려대학교 뇌신경과학 박사 학위를 취득하였다. 군 최초로 뇌신경과학 박사 학위를 취득하여, 육군과학기술위원회 '생체의학·뇌과학' 그룹과 함께 국방과학기술 발전에 기여하고 있다.

저서로는 「총성없는 전쟁을 위한 군사심리학(학지사, 2018)」이 있으며, 심리학 및 뇌과학 분야의 국제 저명 학술지에 다수의 논문을 게재하며 학문적 성과를 이어가고 있다. 최근에는 미래 인지전(cognitive warfare)에 대비하여 리더의 전략적 의사결정에 관한 뇌신경학적 메커니즘을 규명하기 위한 연구를 진행 중이다.

---

**최용기** 육군사관학교 73기로 임관하며 심리경영학과 학사 학위를 취득하였다. 임관 이후 전국 각지에서 불철주야 임무수행 하였으며 국방대학교에서 인사조직(리더십) 전공으로 석사 학위를 취득하였다. 현재는 육군3사관학교에서 심리학과 교수로 재직하고 있으며, 관심 연구분야는 리더십, 성인지 감수성, 조직행동 등이다.

---

**임종민** 육군3사관학교 심리학과 교수. 경북대학교 심리학과를 졸업하고 동 대학원에서 임상심리를 전공하여 석사 및 박사 학위를 취득했으며, 한국뇌연구원에서 박사후연구원으로 재직하였다. 임상심리전문가 및 청소년상담사 1급 자격을 보유하고 있으며, 영남대학교의료원 정신건강의학과에서 임상심리 레지던트 과정을 수료하고, 경북대학교 학생상담센터 객원

상담원과 마인드플러스 심리상담센터 소장을 역임하였다. 경북대학교·경성대학교·경운대학교·대구교육대학교·대구대학교·안동대학교·영남대학교에서 외래교수로 활동하였다.

저·역서로는 「한국판 동형 · 반복형 신경심리 평가 배터리(한국심리, 2018)」,「사회인지와 대상관계 척도-일반 평정법(학지사, 2021)」, 「비자살적 자해의 이해: 기원, 평가, 치료(학지사, 2026)」, 「로르샤흐 평가의 핵심(한국심리, 2026)」이 있다. 주요 연구 분야는 성격장애, 비자살적 자해, 디지털 치료기기, 심리평가 도구 개발이며, 국내외 학술지에 30여 편의 논문을 발표하였다.

---

**백우현** 고려대학교에서 교육학 상담 석사학위를 취득하고, 현재 육군3사관학교 심리학과 교수로 재직 중이다. 메타버스 상담 플랫폼을 활용하여 심리상담을 제공하는 세계 최초의 메타버스 상담센터인 고려대학교 메타버스 상담센터(현: 고려대학교 AI·VR 기반 학업·진로 상담센터)에서 연구자 및 상담자로 근무한 경력이 있다.

메타버스를 활용한 매체상담 및 비대면상담에 대한 효과성 연구를 주로 진행하였으며, 국제 저명 학술지에 출판한 주요 논문으로는 "Comparing counseling outcome for college students: Metaverse and in-person approaches (2023)", "Relationship between client laughter and session outcomes in metaverse counseling (2024)" 등이 있다. 저서로는 「당신만을 위한 감정메이트, 다독도담」 등이 있고, 게슈탈트 상담이론을 기반으로 정서조절, 우울증, 자살 위기관리 등 심리상담 및 개입 프로그램 연구를 진행 중이다.

리더십의 시작은 '켜짐on'이다. 보이지 않던 것을 보이게 하고, 들리지 않던 미세한 소리에 귀를 기울이며, 익숙함에 빠진 편견을 낯설게 바라보는 일, 우리는 이것을 감수성이라고 부른다. 심리 상담자가 내담자의 정서를 민감하고 섬세하게 알아차리는 능력을 기본으로 하듯, 리더 역시 부하와 동료, 조직과 시대의 변화를 섬세하게 감지하는 태도를 갖추어야 한다. 감수성은 리더십을 'ON'으로 전환시키는 스위치이다.

2018년, 우리 심리학과에서 처음 성인지리더십 교재를 만들 당시의 젠더 담론의 지형은 여혐, 남혐, 미투(MeToo), 펜스 룰 등 남녀 갈등이 첨예하게 드러나는 국면이었다. '누가 더 억압받았는가'라는 대립의 격화가 적나라했던 2020년을 지나, 2025년 현재의 성인지 감수성은 2018년의 그것과는 결을 달리한다. 또 다른 '알아차림'을 요구하고 있다.

이런 사회적 요구는 '성인지 감수성'이 고정된 정의가 아니라, 시대와 담론에 비추어 지속적으로 점검, 학습, 갱신해야 하는 역량임을 일깨워 준다. 우리 사관생도들이야말로 변화하는 사회적 규범과 군 조직의 요구 사이에서, 법과 규정이라는 토대를 딛고 균형을 잡는 리더로 자라야 한다. 그러므로 성인지 감수성은 선택이 아닌 준비물이다.

군대라는 조직의 특수성은 명확하다. 위계, 임무, 책임. 그러나 '강함'의 본질은 둔감함이 아니라 정확한 민감성에 있다. 2015년 우리 학교에 여생도가 처음 입교했을 당시, "군인이 된다는 것은 남자가 되는 것과 같다"라는 말이 너무 자연스럽게 통용되었었다. 하지만 지금은 너무나도 어색하게 들리는 말이다. 우리는 현재 자연스럽게 통용되는 무언가가, 10년 뒤 부자연스러움으로 다가올 것을 알아차려야 한다. 군인은 '성별'이 아니라 '직무, 가치, 전문성'으로 정의된다. 남군과 여군을 넘어, 각자가 지닌 역량과 품성, 서로 다른 배경을 조직의 힘으로 변환하는 일이 오늘의 리더십 과제다. 우리는 익숙함을 점검해야 한다.

성인지 리더십은 조직 성과와도 직결된다. 포용적 리더십은 팀의 심리적 안전을 높이고, 학습과 혁신을 촉진하며, 직무수행과 조직 동일시를 끌어올린다. 우리 군의 임무 수행 환경이 고도화될수록, 서로 다른 배경과 관점을 가진 동료들이 과거의 오류에서 학습하고 보다 안전하게 발언할 수 있는 문화는 우리의 전투력으로 탈바꿈될 것이다. 이 책은 그 문화의 토대를 성인지 감수성에서 찾는다.

이 책은 성인지와 성평등, 그 변화의 언어를 우리의 문법으로 훈련하려고 한다. 사회가 성역할을 나눠 온 역사 속에서 고정관념이 어떻게 형성되고 강화되었는지를 이해 할 때, 우리는 더 정확하게 공정해질 수 있기 때문이다. 또한 인간 내면의 다양한 심리자원을 균형 있게 개발하여 리더십의 언어로 삼고자 한다. 궁극적으로 남성성과 여성성의 틀에 사람을 가두는 것이 아니라, 한 사람 안에 존재하는 다채로운 역량을 조직의 사명과 연결하는데 목적이 있다.

이 책을 구성하는 언어들은 완성본이 아니다. 우리는 배울 것이 남아 있는 저자들이다. 시대가 변하고, 지식과 제도, 언어의 규범도 달라진다. 우리는 생도들과 함께 배우고 변화를 반영하며, 더 나은 근거를 찾아내기 위해 노력할 것이다. 이 책이 '최종 답안'이 아니라 감수성을 켜고 유지, 점검하는 훈련의 시작이 되기를 바라는 마음이다.

이 책을 함께 만들어준 정병삼 교수님, 김대은 교수님, 최용기 교수님, 임종민 교수님, 백우현 교수님께 한없는 존경과 사랑을 전한다. 여전히 배워야 할 저자들의 작업을 흔쾌히 출판해주신 양서각 신대영 대표님과 보라 신동해 대표님께 머리 숙여 감사 인사를 드린다.

끝으로, 이 책을 읽는 사랑하는 생도들에게 질문을 남긴다.

"당신의 리더십은 지금 ON 되어 있는가?"

작은 스위치를 켜는 순간, 보이는 것이 달라진다. 보이는 것이 달라지면 행동이 달라지고, 조직이 달라진다. 그 변화의 첫 장에, 여러분과 함께 서고자 한다.

2025년 국군의 날<br>저자들의 마음을 모아 송경재가 작성

# 1장

# 선진 국방을 위한 양성평등

## 1. 양성평등의 선진 국방을 위한 성인지 교육

현재의 안보 환경은 복합적이고 다차원적으로 변화하고 있으며, 이에 따라 국방의 패러다임 역시 빠르게 전환되고 있다. 현대의 군은 단순히 무력을 건설하고 사용하는 집단이 아닌 국민의 신뢰를 기반으로 한 전문성과 도덕성을 갖춘 조직으로서 구성원의 다양성과 포용성을 존중하는 방향으로 발전하고 있다. 이러한 변화 속에서 성인지 감수성은 단순한 윤리적 가치가 아니라, 효율적이고 신뢰받는 군 조직의 핵심 역량으로 자리매김하고 있다.

군은 전통적으로 남성 중심적 문화가 강한 조직이었으므로 여성 군인은 주류에서 배제되거나 그들의 의견은 간과되는 경우가 적지 않았다. 그러나 오늘날 여성 군인의 규모와 역할은 지속적으로 확대되고 있고, 이에 따라 성별의 차이를 올바르게 인식하고, 성별에 따른 차별이나 고정관념 없이 협력할 수 있는 능력, 즉 성인지 감수성은 성별에 관계없이 모든 군인들에게 반드시 요구되는 필수적인 자질이 되었다.

성인지 교육은 개인의 성별에 대한 고정관념을 성찰하게 하고, 타인의 입장을 이해하며, 성평등한 조직문화를 형성하는 데 기여한다. 이는 단지 나와 다른 성별을 배려하기 위한 교육이 아니라, 모든 구성원이 존중받고 역량을 발휘할 수 있는 조직을 만들기 위한 교육이다. 특히, 상명하복의 문화가 강한 군 조직에서는 이러한 인식의 변화가 상급자의 지휘 방식, 부하의 근무 만족도, 나아가 임무 수행의 효율성까지도 직결되기 때문에 더욱 중요하다고 볼 수 있다(Lundquist, 2008)

나아가 선진 국방의 지표는 단순히 군사력에만 있는 것이 아니라 조직 내 다양성과 형평성을 보장하고, 성별을 이유로 한 차별이나 갈등 없이 모든 구성원들이 하나의 팀으로 협력할 수 있는 문화, 바로 이것이 오늘날 우리가 지향해야 할 양성평등한 선진 국방의 모습이다.

따라서 성인지 교육은 단순한 교양 차원을 넘어서 조직을 이끌어나가야 할 리더들이 반드시 갖추어야 할 기본 역량을 함양하는 과정이라고 볼 수 있다. 군을 이끌어야 할 간부들은 성인지 감수성을 갖춤으로써 포용적인 리더십을 체득하고, 성숙한 조직 문화를 선도하는 인재로 성장할 수 있다. 성인지 교육은 강한 군을 만들기 위해, 그리고 정의로운 선진 국방을 실현하기 위한 기반이라는 점에서 필수적인 교육이라고 볼 수 있다.

## 2. 성인지 교육의 당위성

현재 우리 사회와 군에서는 실질적인 양성평등 증진 및 성별에 따른 차별을 해소하기 위해 「양성평등기본법」[1] 에 따라 양성평등정책 기본계획을 수립하여 시행하는 등 다양한 정책적 노력을 기울이고 있다. 이에 근간이 되는 노력 중 하나는 주기적인 성인지 교육이며, 군대를 포함하여 공공영역의 전 부문에서 양성평등의 실현과 이를 위한 성인지 교육의 당위성을 헌법과 법률, 훈령, 규정 등을 통해 명시하고 있다.

[표 1-1] 성인지 교육의 법률적 근거

| 법령 및 훈령 | 조항 및 내용 |
|---|---|
| 헌 법 | **제11조**<br>① 모든 국민은 법 앞에 평등하다. 누구든지 성별·종교 또는 사회적 신분에 의하여 정치적·경제적·사회적·문화적 생활의 모든 영역에 있어서 차별을 받지 아니한다.<br>**제34조**<br>③ 국가는 여자의 복지와 권익의 향상을 위하여 노력하여야 한다.<br>**제36조**<br>① 혼인과 가족생활은 개인의 존엄과 양성의 평등을 기초로 성립되고 유지되어야 하며, 국가는 이를 보장한다. |
| 양성평등 기본법 | **제18조(성인지 교육)**<br>① 국가와 지방자치단체는 사회 모든 영역에서 법령, 정책, 관습 및 각종 제도 등이 여성과 남성에게 미치는 영향을 인식하는 능력을 증진시키는 교육(이하 "성인지 교육"이라 한다)을 전체 소속 공무원 등에게 실시하여야 한다. |
| 군인의 지위 및 복무에 관한 기본법 | **제38조(기본권교육 및 성인지교육등)**<br>② 국방부장관은 「양성평등기본법」 제18조 제1항에 따른 성인지 교육, 같은 법 제31조 제1항에 따른 성희롱 예방교육, 「성매매방지 및 피해자보호 등에 관한 법률」 제5조 제1항에 따른 성매매 예방교육, 「성폭력방지 및 피해자보호 등에 관한 법률」 제5조 제1항에 따른 성폭력 예방교육 및 「가정폭력방지 및 피해자보호 등에 관한 법률」 제4조의3 제1항에 따른 가정폭력 예방교육(이하 "성인지교육등"이라 한다)을 매년 1회 이상 실시하여야 한다. |

1 제7조 제7조(양성평등정책 기본계획의 수립)
① 여성가족부장관은 양성평등정책 기본계획(이하 "기본계획"이라 한다)을 5년마다 수립하여야 한다.

| 법령 및 훈령 | 조항 및 내용 |
|---|---|
| 국방 인사관리 훈령 | **제281조(교육 이수결과 인사반영)**<br>「양성평등기본법」 등에 '성희롱 · 성매매 · 성폭력 · 가정폭력' 예방교육 및 성인지 교육 이수(연간 1회 이상)가 의무화됨에 따라 교육이수 결과를 인사에 반영하여 적극적인 교육 이수동기를 유발함으로써, 군내 성폭력을 척결하고 전투형 군대 육성에 기여한다. |

출처 : 국가법령정보센터

## 3. 국방부 양성평등정책 기본계획('23-'27)

이와 같은 법률적 기반에서 양성평등은 단순한 권리 보장의 문제를 넘어, 국방력 강화와 직결되는 핵심 요소로 자리 잡고 있다. 특히 다양성과 포용성을 바탕으로 선진 국방을 향한 도약이 지속적으로 요구되고 있는 상황 속에서 성인지 교육을 통한 양성평등 의식 함양은 반드시 수반되어야 할 필수 과제이다.

이에 따라 국방부는 「국방부 양성평등정책 기본계획('23-'27)」을 수립하여 양성평등한 근무여건 보장 및 군 내 성인지 감수성 제고를 위한 구체적인 실행 방안을 제시하고 있다. 이 계획은 ① 국방 양성평등 정책의 발전, ② 일 · 가정 양립의 근무환경 조성, ③ 현장 중심의 성희롱 · 성폭력 예방 활동 및 피해자 보호 지원, ④ 신속하고 엄정한 사건처리 시스템 활성화 등을 포함하며, 국방 분야 전반에 걸친 양성평등의 실현을 목표로 하고 있다.

이러한 정책은 단지 여군의 비율을 늘리는 데 그치지 않고, 군의 인사시스템이 성별과 관계 없이 역량 중심으로 운영되도록 하는 데 그 목적이 있다. 성별 고정관념을 극복하고 모든 장병이 상호 존중과 신뢰 속에서 임무를 수행할 수 있도록 하는 것은, 국방의 효율성과 지속 가능성을 높이는 핵심 전략이다.

실제로 첨단화·과학화된 현대 전장에서 요구되는 다양한 전문성과 창의성은 획일적이고 경직된 조직보다는 다양한 배경과 관점을 포용하는 개방적이고 유연한 조직에서 더욱 효과적으로 발휘될 수 있다. 양성평등은 이러한 조직문화의 기초가 되며, 이는 곧 임무 수행 능력 및 전투력 향상으로 이어질 수 있다. 즉, 양성평등은 군의 작전 수행 역량을 강화하고, 복합적 안보 위협에 능동적으로 대응할 수 있는 기반을 제공한다고 볼 수 있다(Egnell, 2016).

따라서 양성평등은 단순한 사회적 가치를 넘어, 선진 국방을 위한 전략적 노력이라 할 수 있다. 이는 인적 자원의 다양성을 극대화하고, 모두가 역량을 발휘할 수 있는 공정한 환경을 조성함으로써 가능하다. 따라서 장차 군 조직을 이끌어 갈 인재가 되기 위해서는 성인지 감수성과 양성평등의 중요성을 깊이 이해하고 이를 실천할 수 있는 리더로 성장해야 한다. 그것이 바로 국민으로부터 신뢰받는, 강하고 정의로운 군을 만드는 길이다.

[표 1-2] 국방부 양성평등정책 기본계획('23-'27) 중점 추진과제

| 중점 과제 | 세부 내용 |
| --- | --- |
| 국방 양성평등 정책의 발전 | • 양성평등한 근무여건 보장을 위한 방안 마련<br>• 양성평등 추진을 위한 정책기반 체계화<br>• 군 조직 내 여성 대표성 강화 및 성과분석 |
| 일 · 가정 양립의 근무환경 조성 | • 보육시설 확충<br>• 일 · 가정 양립 확산 지원 |
| 현장 중심의 성희롱 · 성폭력 예방 활동 및 피해자 보호 지원 | • 현장 중심의 성희롱 · 성폭력 예방대응 추진<br>• 피해자 보호 · 지원체계 강화<br>• 인식 및 조직문화 개선 |
| 신속하고 엄정한 사건처리 시스템 활성화 | • 성희롱 · 성폭력 가해자 합리적 처벌<br>• 성희롱 · 성폭력 사건 관리 체계 구축<br>• 엄정한 징계를 위한 관련 규정 정비 |

## 4. 양성평등의 중요성(토의)

### 활동해보기 1

한국, 성별 임금 격차 OECD 1위...('25.6.18.)

한국은 오랫동안 OECD 국가 중 성별 임금 격차가 가장 큰 나라로 지적되어 왔다. 최근 통계에서도 남성과 여성의 평균 임금 차이가 여전히 크며, 이는 다른 선진국들과 비교해도 매우 높은 수준이다.

국제기구와 여성단체들은 성별 임금 격차가 발생하는 원인을 제2의 근무(가사 노동 및 돌봄 책임), 경력 발전의 장벽, 직종 분리(직업의 성별 분리), 시대에 뒤떨어진 동등임금 법률, 고용주에 의한 성차별 등 5가지로 꼽았다.

격차를 줄이기 위한 방향으로는 법·제도 개선과 함께 가사·돌봄의 공동 책임을 강화하는 문화적 변화가 요구된다. 영국과 프랑스 등 일부 국가처럼 기업이 성별 임금 차이를 공개하도록 하는 정책도 투명성을 높이는 방법으로 논의되고 있다. 국내에서도 유사한 제도가 추진 중이다. 다만 실제 법제화 가능성은 지켜봐야 한다.

출처 : 아시아경제 | https://www.asiae.co.kr/article/2025061710052076130

**활동해보기 1**

1. 성별에 따른 임금 격차가 존재하는 이유는 무엇일까?

2. 이러한 문제가 지속된다면 어떤 결과가 나타날까? 그리고 어떤 방향으로 변화해야 할까?

**활동해보기 2**

"이제 유리천장은 옛말?"...'공무원 양성평등' 어디까지 왔나 봤더니

정부 수립 이후 처음으로 전체 공무원 중 여성 비율이 처음으로 과반을 넘겼지만, 아직 고위공무원단에서 여성은 12.9% 수준에 머물고 있다. 일부 부처는 여성 고위공무원이 전무한 상태다.

소방청·해양경찰청·검찰 등 특정 부처는 전체 공무원 중 여성 비율도 20% 미만으로 집계되어, 직무 특성과 조직문화가 성별 구성에 크게 영향을 미치고 있는 상황이 드러났다.

정부의 여성 인재 발굴 노력으로 여성 진출이 점차 확대되고는 있지만, 부처별 격차와 고위직의 성별 불균형은 여전히 커 고위직 여성 인재 발굴의 필요성이 다시 강조되고 있다.

출처 : 서울경제 | https://www.sedaily.com/NewsView/2GV710ZQTD

## 활동해보기 2

1. 위 자료에서 제시하고 있는 통계는 어떤 문제를 시사하고 있을까?

2.남성 중심 조직문화는 어떻게 굳어지게 되었을까? 그로 인해 어떤 문제가 발생할까?

## 활동해보기 3

### 여군 85% "군 생활·자녀양육 병행 어려워 전역 고려한 적 있어"

최근 군 간부들의 중도 전역이 증가하면서, 군 조직 내에서 '일·가정 양립' 환경이 중요한 과제로 떠오르고 있다. 조사 결과에 따르면 남녀 간부 모두가 근무와 가정 돌봄을 동시에 수행하는 데 어려움을 겪고 있으며, 특히 자녀 양육을 병행하는 여군의 부담이 매우 큰 것으로 나타났다.

군의 양성평등지표 중에서도 '일·가정 양립 여건'은 가장 낮은 평가를 받았다. 특히 미취학·초등 자녀 돌봄 환경은 매우 미흡했으며, 육아휴직·탄력근무제 등 관련 제도의 성별 이용률에서도 큰 차이가 확인되었다. 여성 간부와 여성 군무원은 해당 제도를 적극적으로 활용하는 반면, 남성 구성원의 이용률은 매우 낮아 제도의 실효성이 떨어지는 것으로 분석되었다.

또한 근무·가정생활 병행으로 인한 신체적·정서적 어려움도 상당한 수준으로 나타났으며, 여성 간부의 부담이 좀 더 높은 것으로 조사되었다. 유용원 국민의힘 의원은 군 간부들이 안정적인 근무를 위해 자녀 돌봄 여건 개선과 함께 남녀 모두가 제도를 실질적으로 이용할 수 있도록 적극적인 지원과 더 세심한 노력이 필요하다고 말했다.

출처 : 뉴시스 | https://www.newsis.com/view/NISX20250615_0003213487

## 활동해보기 3

1. 남녀 군 간부 모두가 일·가정 양립을 위해 함께 고려해야 할 점은 무엇일까?

2. '일·가정 양립' 제도를 실질적으로 정착시키기 위해 어떤 노력이 필요할까?

## 참고문헌

[ 국외문헌 ]

Egnell, R. (2016). Gender perspectives and military effectiveness: Implementing UNSCR 1325 and the national action plan on women, peace, and security. Prism, 6(1), 72-89.

Lundquist, J. H. (2008). Ethnic and gender satisfaction in the military: The effect of a meritocratic institution. American Sociological Review, 73(3), 477-496.

[ 온라인 ]

국가법령정보센터. https://www.law.go.kr/.

뉴시스(2025.06.15.). "여군 85% "군생활·자녀양육 병행 어려워 전역 고려한 적 있어". https://www.newsis.com/view/NISX20250615_0003213487.

아시아경제(2025.06.18.). "[2025 양성평등지수]한국, 성별 임금 격차 OECD 1위…"공시 의무화" 목소리도". https://www.asiae.co.kr/article/2025061710052076130.

서울경제(2025.07.02.). ""이제 유리천장은 옛말?"…'공무원 양성평등' 어디까지 왔나 봤더니". https://www.sedaily.com/NewsView/2GV710ZQTD.

2장

# 남군과 여군을 넘어 : 아니마(Anima)와 아니무스(Animus)의 조화

2015년 2월 육군3사관학교 52기 중 여생도 19명이 입교하였다. 이 생도들은 약 48대 1이라는 높은 경쟁률을 뚫고 사관생도로 선발되었다.

"군인이 된다는 것은 남자가 되는 것과 같다."

당시 사관학교에 입교한 여생도들에게 던져진 말이다. 그때는 이 말을 하는 사람이나, 듣는 여생도들조차도 매우 자연스럽게 받아들였다. 그만큼 당시 사회가 얼마나 깊숙이 성역할 고정관념에 사로잡혀 있었는지를 알 수 있다. '군인'이라는 역할은 곧 '남성성'이라는 정체성과 동일시되었고, 이러한 틀 속에선 여성은 존재하지 않았다.

## 1. 여자와 남자 : 생물학적 차이

인간 사회에서 남성과 여성의 구분은 가장 기본적이면서도 중요한 차이가 있다. 남자와 여자는 신체 구조와 기능뿐 아니라 심리적 측면에서도 뚜렷한 차이가 있다. "화성에서 온 남자, 금성에서 온 여자"란 책 제목으로도 알 수 있듯이, 두 성별은 마치 다른 행성의 사람처럼 다르게 여겨질 정도이다. 이러한 남녀 간의 차이는 일부 선천적인 요인의 영향도 있지만, 상당 부분은 사회·문화적 환경에 의해 형성되고 강화된다.

우리가 알고 있는 일반적인 아동들의 성별에 따른 차이는 다음과 같다(Alexander & Wilcox, 2012; Hittelman & Dickes, 1979).

먼저 신생아의 성별에 따른 행동 차이로, 남아는 여아보다 깨어 있는 시간이 더 길고, 더 활동적이며, 몸부림을 많이 친다. 또한 더 자주 보채는 경향이 있다. 반면에 여아는 남아보다 대체로 조용하고, 다른 사람과 눈을 더 많이 맞추는 경향이 있다.

그다음은 신생아의 성별에 따른 언어발달 차이로, 여아는 남아보다 언어 발달이 더 빨라서, 1세 경부터 발성량이 더 많고 어휘력도 더 빠르게 발달한다. 이 차이는 청소년기까지 이어져 어휘력, 독해력, 언어 유창성 등에서 평균적으로 앞서는 경향을 보인다.

놀이 방법에서도 차이가 있다. 남아는 로봇, 자동차, 총, 칼 등 활동적이고 공격적인 놀이를 선호하며, 몸을 크게 쓰는 놀이에 더 흥미를 느낀다. 반대로 여아는 인형 놀이, 소꿉놀이, 인형에 옷 입히기 등 보살핌과 관련된 놀이를 비교적 더 좋아한다. 이러한 놀이 행동은 공격성의 차이로 이어지기도 한다. 일반적으로 남아는 여아보다 더 높은 공격성을 보이며, 이러한 경향은 청소년기까지 계속된다.

마지막으로 정서적 교감 능력에서도 차이가 나타난다. 여아는 4~5세경부터 타인의 감정에 더 잘 공감하고, 자신의 감정을 더 깊고 다양하게 표현하는 경향이 있어, 전반적으로 여아는 남아보다 정서적 민감성과 표현력이 높으며, 두려움이나 조심성이 많아 모험심이 낮은 편이다.

이러한 성별 차이는 생물학적 영향도 있지만, 대부분은 사회문화적 요인에 의해 형성된다.

## 2. 성별 차이를 만드는 사회문화적 요인과 성역할 고정관념(gender stereotype)

"남자가 흘리지 말아야 할 것은 눈물만이 아닙니다." 우리나라 거의 모든 공공 화장실(남성용)의 각 칸마다 붙어있는 캠페인 스티커에 있는 문구이다. 남자는 눈물을 흘리면 안 된다는 문화적 압력이 그 저변에 깔려있다.

성별 차이는 생물학적 요인만으로 만들어지지 않는다. MacDonald와 Parke(1986)에 따르면 성별 차이는 사회문화적으로 더욱 극대화되고 강화된다.

먼저 양육방식의 차이이다. 생각해봐라, 당신은 친구가 아들을 낳았다고 하면 어떤 색의 옷을 선물할 것인가? 남아에게는 파란색 옷이나 자동차 장난감을 사주는 등 남성적인 것을 권장하는 반면, 여아에게는 분홍색 옷이나 인형을 사주는 등, 우리의 통념상 여성적이라고 여겨지는 물건을 권할 것이다. 어린이집이나 유치원 교사들도 남아에게는 활동적인 놀이를, 여아에게는 감정적인 교류를 강조하는 경향이 있다. 특히 남아에게 '여성스러운' 놀이를 하는 것을 엄격하게 막는 문화적 분위기가 만연하다.

또한 대중매체도 성별 차이를 강화하는 데 일조한다. 대부분의 미디어는 전통적이고 고정적인 성역할을 보여준다. 남자는 더욱 남성적이어야 하는 가치를, 여자는 더욱 여성스러워야 올바르다는 가치를 은연중에 보여준다. 그리고 대중은 그 가치를 학습하게 된다. 그래서 TV 시청 시간이 긴 아이일수록 성역할에 대한 고정관념이 강해진다는 연구결과도 있다. 어린아이들이 즐겨보는 동화책 역시 이러한 차이를 강화한다.

**생각해보기**

'테토남(테스토스테론 남자 : 남성성이 넘치는 남자)'과 '에겐녀(에스트로겐 여자 : 여성성이 넘치는 여자)'와 같은 밈(meme)은 단순한 유행인가? 사회적 차별을 강화하는가?

성역할(gender role)이란, 남성 또는 여성에 따라 각기 달리 기대되는 행동양식을 의미한다. 아동이 자신의 성역할을 인식하고 이에 적합하게 행동하는 것은 사회화 과정의 중요한 부분이다. 아동은 인지적 능력이 발달함에 따라 남자와 여자의 구분을 명확하게 파악할 뿐만 아니라 부모를 비롯한 주위 사람들이 성별에 따라 각기 다른 특성과 활동을 기대한다는 것을 인식하게 된다.

아동은 만 2세경이 되면 벌써 옷이나 장신구를 남성용과 여성용으로 구분해 낼 수 있다. 그리고 3세경이 되면 장난감의 선호를 성별에 따라 구분하는 것이 가능하다. 4세경이 된 아동들은 청색과 갈색은 남자아이가, 분홍색은 여자아이가 선호하는 색깔이라는 것을 인식하게 된다. 만 5세경이 되면, 아동은 성과 관련된 사회적 행동을 하기 시작한다. 예를 들어, 남자 아이는 회사를 다녀오는 역할을, 여자 아이는 집안일을 돌보는 역할을 하기 시작한다(권석만, 2017).

성역할 고정관념(gender stereotype*)이란, 특정 성별에 대해 사회적으로 기대되거나 부여된 특성, 행동, 역할에 대한 획일적이고 경직된 신념을 의미한다. 쉽게 말해, "남자는 이래야 해" 또는 "여자는 저래야 해"와 같이 성별에 따라 정해진 규칙이 있는 것으로 인식하는 것이다. 이러한 고정관념은 개인의 능력이나 개성을 무시하고 성별만을 기준으로 판단하게 만든다.

**생각해보기** **gender stereotype***

과거에는 'sex-role stereotype'이라고 하였다. 하지만 생물학적 성(sex)과 사회문화적 성(gender)의 개념이 분리되면서 'gender-role stereotype'이라는 용어를 사용하였다. 현재 심리학이나 사회학에서는 'gender stereotype'이 더 널리 쓰인다.
Sex(생물학적 성)는 염색체, 생식기, 호르몬 등에 따라 남성과 여성을 구분하는 용어이고, Gender(사회문화적 성)는 한 사회나 문화가 특정 성별에 적합하다고 여기는 역할 행동, 기질 등을 포함하는 사회문화적 개념이다. 젠더는 고정된 것이 아니라 시대와 문화에 따라 변화할 수 있다고 본다.

성역할 고정관념의 문제는, 성별에 따른 불평등과 차별의 원인이 된다는 것이다. 즉, 남성이나 여성을 인지 또는 평가할 때, 그 사람의 개인적 특성이나 능력에 상관없이, 단지 생물학적으로 남성 또는 여성이라는 사실에 의거하여 사회적으로 규정된 남성적 특성, 혹은 여성적 특성을 가진 존재로 구분해버린다는 것이 문제이다. 즉 상대적으로 과잉 단순화된 범주화를 양산하는 것이다.

예를 들어 특정 직업을 남성 또는 여성의 일로 한정시켜 버리거나, 특정 행동 양식을 강요하는 등의 방식으로 나타난다. 이처럼 사회적 특성에 의해 각 성에 따른 행동과 성격이 규정되고, 문화를 통해 어떤 규범처럼 역할이 구분된다는 것이 문제이다. 성에 대한 인지발달은 사회 틀 안에서 사회가 허용하는 성에 대한 관념에 따라 행동하도록 하며, 이러한 성역할 고정관념에 따른 행동을 모방, 학습, 내재화, 동기화하는 사회학습 절차를 반복하는 과정을 거친다. 이 과정을 통해 고정관념은 강화되고, 관념은 진실로 재생산된다. 이렇게 재생산된 '진실 아닌 진실'을 편견(prejudice)이라고 한다(한규석, 2010).

편견이란, 상대방이 특정 집단의 성원이라는 이유만으로 상대방을 평가하고 판단하는 태도를 의미한다. 즉 가치가 반영된다. 옳고 그름이 정해진다. 성역할 고정관념의 문제는 '남자가 이러하면 잘못되었다.', '여자가 저러면 안 된다.'라는 '진실 아닌 진실'로 인한 부정적 평가가 자동적 사고로 이어진다는 점이다. 편견이 작용하면 '객관적으로 바라보기'가 어려워진다.

성역할 고정관념은 남성과 여성 모두에게 부담과 제약을 주게 된다. 남자는 감정 표현에 대한 압박을 느껴야만 하고, 여성은 사회활동에서 불이익을 겪는 등 개인의 잠재력을 제한하는 결과를 낳는다. 남자도 눈물을 흘릴 수 있고, 여자도 땀을 흘릴 수 있는데 말이다.

## 활동해보기 1

1. 당신이 가지고 있는 성역할 고정관념에 대해 이야기해 보자.

2. 당신이 성역할 고정관념으로 인해 사회적 압력을 받은 경험이 있는지 이야기해 보자.

## 3. 젠더 페르소나의 두 얼굴 : 아니마(Anima)와 아니무스(Animus)

프로이트의 제자로 유명한, 심리학자 융(C. G. Jung)은 인간의 정신세계가 의식뿐 아니라 무의식에 의해 크게 지배된다고 보았다. 그는 환자들의 꿈 분석과 집단무의식 연구를 통해, 무의식 속에는 인류가 공유하는 보편적 이미지와 원형(archetype)이 존재한다는 사실을 발견했다. 이러한 배경 속에서 융은 남성과 여성의 심리 안에 서로 보완적인 '반대 성적 요소'가 자리하고 있다는 통찰에 이르렀다. 바로 아니마(anima)와 아니무스(animus) 개념이다.

아니마는 남성의 무의식 속에 자리한 여성적 측면을 가리킨다. 이는 감정, 직관, 관계 지향성과 같은 특성을 통해 드러나며, 남성이 내면의 아니마를 인식하고 수용할 때 더 깊은 공감 능력과 정서적 성숙을 얻게 된다. 반대로 아니무스는 여성의 무의식 속에 존재하는 남성적 측면을 의미한다. 이는 논리적 사고, 비판적 판단, 의지와 같은 특성을 담고 있으며, 여성이 아니무스를 건강하게 통합할 때 자율성과 합리적 판단력을 발전시킬 수 있다.

**생각해보기**

아니마(anima)는 라틴어에서 유래한 단어로, '숨결(breath), 생명(life), 영혼(soul)'을 의미한다. 서양 전통에서 아니마는 종종 영혼이나 정신적 원리를 가리키는 말로 쓰였다.
아니무스(animus) 역시 라틴어에서 왔으며, '정신(mind), 의지(will), 이성(reason)' 등을 의미한다. 남성적 기질, 지성, 의지적 요소와 관련된 의미로 사용되었다.

융이 이러한 아니마와 아니무스라는 개념을 발견하게 된 배경을 살펴보면 다음과 같다. 먼저 융의 기본 전제는 전체성(wholeness)의 추구이다. 융 심리학의 핵심은 인간의 정신이 의식과 무의식의 통합, 즉 전체성을 지향한다는 점이다. 그는 한쪽 성(性)만으로는 불완전하다고 보았다. 무의식 속에 반대 성적 요소가 자리잡음으로써 균형(balance)을 이루려 한다고 보았다. 그는 여러 환자들의 꿈과 환상을 분석하면서, 남성의 무의식 속에서 여성적 이미지(ex. 어머니, 연인, 신비한 여성상 등)가 반복적으로 나타나고, 여성의 무의식 속에서는 권위적 남성상이나 이성적 이미지가 자주 등장하는 것을 발견하였다.

그는 이러한 현상을 단순히 개인 경험의 산물이 아니라 집단무의식(collective unconscious)에 존재하는 보편적 원형(심상, archetype)으로 해석하였다. 남성이 사회적으로 이성과 의지 중심의 성향을 강조할수록, 그의 무의식 속에는 감정적이고 직관적인 측면(아니마)이 지배하고, 여성이 사회적으로 감성과 돌봄을 중심으로 살아갈수록, 무의식에는 이성적이고 의지적인 측면(아니무스)이 지배한다고 하였다. 즉, 무의식 속의 반대 성적 요소는 심리적 균형을 위한 보상 장치로 이해할 수 있다. 그래야 심리적 전체성(완전성)을 유지할 수 있다고 주장하였다.[1]

융은 아니마와 아니무스를 단순히 성별의 차이로 설명하지 않았다. 그것은 누구에게나 존재하는 내적 심리 구조이며, 인간이 자기(Self)를 완성해 가는 개성화 과정(individuation)에서 반드시 마주치고 조화시켜야 하는 요소라고 보았다. 즉, 남성은 아니마를 통해 감정의 세계를 배우고, 여성은 아니무스를 통해 논리와 의지를 배움으로써 균형 잡힌 인격으로 성장할 수 있다는 것이다.



1 사실, 이 부분은 페미니스트 심리학자들에게 비판을 받는 부분이다. 아니마와 아니무스가 성별 본질주의(gender essentialism)를 강화할 수 있다고 비판하였다. 하지만 융의 아니마와 아니무스 개념은 오히려 인간은 누구나 자기 안에 양성적인 심리 요소를 지니고 있으며, 이를 인정하고 조화시킬 때 더 온전한 자기 이해와 성숙이 가능하다는 것을 보여준다.

## 활동해보기 2

1. 당신의 무의식 속 '아니마'와 '아니무스'에 대해 이야기해 보자.

2. 융의 아니마·아니무스 개념을 성평등 관점에서는 어떻게 해석할 수 있을까? 이 개념이 성차별적 요소를 내포한다는 비판과, 심리적 통합을 돕는 개념이라는 평가 가운데 당신은 어느 관점에 더 설득력을 느끼는가?

## 4. 군인다움의 성차

### 가. 사례 1 : "공정한 기준의 함정", 미 육군 전투체력검정(ACFT) 논란

2024년 미국에서 군 전투력과 성평등의 균형을 놓고 가장 뜨거운 논쟁을 불러일으킨 것은 미 육군의 체력검정 방법의 변화, 즉 ACFT(Army Combat Fitness Test)[2]의 시행에 관한 문제였다. ACFT는 기존의 APFT(Army Physical Fitness Test)[3]를 대체하며, 성별 구분 없는 단일 기준으로 모든 병사의 체력을 평가하는 시험이다. 그러나 이 제도의 시행 초기에 여성 장병들의 탈락률이 급격히 증가하고, 반대로 남성 장병들의 '우수' 판정률은 3배 가까이 높아졌다. 과거 APFT에서 여군 합격률이 85~90%에 이르렀던 것과 달리, ACFT 시행 초기에는 여군 합격률이 50% 이하로 급락했고, 일부 통계에서는 여군의 84%가 불합격했다는 충격적인 보고도 나왔다(Forza, 2024).

반면 남군의 평균 합격률은 큰 변화가 없어 사실상 남성에게 유리하게 기준이 설정된 것 아니냐는 비판이 제기되기도 하였다. 논란 끝에 2025년 6월(2026년 1월부터 적용) 미 육군은 ACFT 평가체계를 여러 차례 수정하여 AFT(Army Fitness Test)[4]를 시행한다. 이는 ACFT를 개선하여 연령별·성별 점수 구분을 다시 도입하고, 특정 종목(예: 전장 순환 달리기 등)에서의 성별 평균치 격차를 보정하는 방향으로 일부 완화했다.[5]

특히 플랭크(Plank)와 핸드 릴리즈 푸쉬업(Hand-release push-up) 등은 여성의 신체 구조와 생리적 특성을 고려하지 않은 동작이라는 비판이 제기되었으며, RAND 보고서(2024)는 "ACFT는 전투 적합성보다는 전통적 남성 중심의 체력측정 방식을 반영한 것"이라고 분석했다.

2 Three-Repetition Maximum Deadlift, Standing Power Throw, Hand-Release Push-Up Arm Extension, Sprint-Drag-Carry, Plank, Two-Mile Run 등 여섯 가지 종목으로 구성되어 있다.

3 팔굽혀펴기(2분), 윗몸일으키기(2분), 2마일(약 3.2km) 달리기로 구성되며 현재 우리나라 육군의 체력측정과 동일한 측정방법이다.

4 Three-Repetition Maximum Deadlift, Hand-Release Push-Up Arm Extension, Sprint-Drag-Carry, Plank, Two-Mile Run 등 다섯 가지 종목으로 구성되어 있다. 기존 ACFT에서 Standing Power Throw는 군 임무와 무관하다는 판단으로 제외되었다,

5 미 육군 체력검정은 5개 종목 중 하나라도 최저 기준을 충족하지 못하면 탈락한다. 두 차례 연속 탈락한 군인은 제대해야 한다. 다만, 2025년 개선된 체력검정에서 남군 기준에 미달했지만 여군 기준을 충족한 전투 보직 여군은 비전투 보직으로 옮기도록 하였다. 미 육군은 전투병과 병사가 각 종목에서 최소 60점, 5개 종목 총점에서 최소 350점을 받아야 한다. 비전투 병과에서는 개별 종목의 최저 기준이 60점으로 같지만 총점 하한은 300점으로 낮아진다. 그러나 AFT에서도 격렬한 전투에 투입되어야 하는 21개 전투 보직의 여군은 남군과 동일 기준을 맞춰야 군 생활을 계속할 수 있다.

이 논란은 "공정한 기준은 형식적 평등이 아니라, 실질적 전투역량 평가여야 한다"는 주장을 불러일으켰다. 형식적인 동일 기준 적용만이 양성평등에 입각한 공정성을 담보하지는 못한다는 것이다. 군사 임무에 필요한 역량을 측정한다는 명분 아래, 자칫 전통적 남성의 신체 능력만을 기준으로 삼는 것에 대한 문제점을 제기한 것이다.

이 사례는 성별 고정관념이 정책과 기준에 스며들 때, 양성평등을 어떻게 왜곡시킬 수 있는지 보여주는 중요한 사례다. 마치 동일 기준을 적용하여 측정 평가하는 것이 양성평등적인 제도인 것처럼 보여도, 그 설계 과정에 숨은 편향을 인식하지 못하면 특정 집단에게 불리한 결과를 낳을 수 있으며, 이는 곧 “여성은 전투에 부적합하다” 또는 “전투는 체력만으로 하는 것”이라는 편견을 강화하는 악순환으로 이어질 수 있음을 시사한다.

군의 정책과 제도는 그 집단의 본질적 목표(전투력을 발휘하여 적과 싸워 승리하는 것)에 진정으로 부합하는지, 모든 장병에게 균등하고 공정한 기회를 주는지 성인지 감수성을 가지고 점검해야 한다.

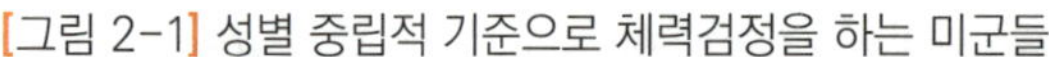
[그림 2-1] 성별 중립적 기준으로 체력검정을 하는 미군들

## 활동해보기 3

1. 군 체력검정을 왜 남녀 동일 기준으로 운영해야 하는지 설명해 보자.

2. 남녀 다른 기준을 적용해야 한다면 그 이유는 무엇일까?

3. 조별로 나누어, 한 조는 군 체력검정 기준을 '남군과 여군 동일 기준'으로 적용해야 한다는 주장을, 다른 조는 '남군과 여군 성별에 따른 기준'으로 적용해야 한다는 주장을 하여 토론해 보자.

4. 1차 토론이 끝난 후, 조를 바꾸어 같은 주제로 다시 토론해 보자.

5. 두 차례 토론이 끝난 뒤, 소감을 정리해 보자.

### 나. 사례 2 : “여성도 병역의 의무를!”, 북유럽의 여성 징병제 도입

2025년, 덴마크는 만 18세 이상의 여성도 남성과 동등하게 징집 대상에 포함하는 병역법 개정을 시행했다(연합뉴스TV, 2025. 7. 1). 이로써 덴마크는 노르웨이(2013년), 스웨덴(2017년)에 이어 북유럽에서 세 번째로 양성평등 징병제를 운영하는 나라가 되었다.

[그림 2-2] 자원입대한 덴마크의 여성 군인들

종전까지 덴마크 여성은 지원해서 입대하는 것만 가능했지만 이제는 추첨을 통해 병력이 선발되는 의무복무 대상이 된다. 복무 기간도 기존 4개월에서 11개월로 연장되어, 5개월간 기초군사훈련 후 6개월 동안 실제 부대에 배치되어 복무하게 된다.

이러한 결정의 배경에는 우크라이나 전쟁 등으로 안보 위협이 커진 상황에서 병력 자원을 확충하고 NATO의 요구에 부응하려는 현실적 필요가 작용하였다.

덴마크 국방부는 징집병 규모를 향후 대폭 늘릴 계획이며, 여성까지 포함함으로써 국방 의무의 형평성을 달성하면서 전체 인력풀을 확장하는 효과를 기대하고 있다. 실제로 한 덴마크 여성 군인은 “현재의 세계 정세에서는 여성도 남성과 똑같이 책임을 져야 한다. 이젠 군 복무가 더 이상 남자만의 일이 아니라고 생각한다”라고 밝혔다.

물론 이 조치를 두고 “여성을 받을 준비가 군대에 되어 있는가”라는 우려도 나온다. 이는 병영 시설 부족, 장비 미비, 성희롱 문제 등 여군 복무 환경을 개선할 과제가 적지 않다는 지적이다. 그럼에도 불구하고 덴마크의 여성 징병제 시행은 군대 내 성역할에 대한 사회적 인식이 근본적으로 바뀌고 있음을 보여준다. 한국처럼 아직 여성 징집 의무가 없는 나라에서는 “과연 여성도 병역의 의무를 져야 하는가?”라는 토론 주제가 꾸준히 제기되는데, 북유럽의 사례는 이에 중요한 참고 자료가 된다.

## 활동해보기 4

1. 조별로 나누어, 한 조는 '남성과 여성에게 동일하게 병역의무를 이행하게 해야한다'는 주장을, 다른 조는 '현재 징집제도를 유지해야 한다'는 주장을 하여 토론해 보자.

2. 1차 토론이 끝난 후, 조를 바꾸어 같은 주제로 다시 토론해 보자.

3. 두 차례 토론이 끝난 뒤, 소감을 정리해 보자.

## 참고문헌


[ 국내문헌 ]

권석만. (2017). 현대 성격심리학: 이론적 이해와 실천적 활용. 서울: 학지사.

한규석. (2010). 사회심리학. 서울: 학지사.

[ 국외문헌 ]

Alexander, G. M., & Wilcox, T. (2012). Sex differences in early infancy. Child Development Perspectives, 6(4), 400-406.

Hittelman, J. H., & Dickes, R. A. (1979). Sex differences in neonatal eye contact time. Merrill-Palmer Quarterly of Behavior and Development, 25, 252-258.

[ 온라인 ]

연합뉴스TV. (2025.07.01.). "자원입대한 덴마크 여성 군인들". https://m.yonhapnewstv.co.kr/news/AKR20250701111306511

Forza, M. (2024.07.25.). "Army combat fitness test threatens to undermine combat effectiveness". Army Times. https://www.armytimes.com/opinion/commentary/2024/07/25/army-combat-fitness-test-threatens-to-undermine-combat-effectiveness/

# 3장

# 성인지 감수성, 한 번에 이해하기

## 1. 성인지 감수성이란?

성인지 감수성(Gender Sensitivity)은 일상생활 속에서 성차별적 요소를 감지해내는 민감성, 차이를 차별하지 않고, 다양성으로 존중할 수 있는 능력, 성평등 실천을 위한 민감성과 의지 등으로 정의할 수 있다(송경재 외, 2022, p.48). 성인지 감수성은 인식, 태도, 행동, 반응 등 네 가지 요소로 구성되는데(UNESCO, 2003), 인식은 성별에 따라서 권한, 기회, 접근 가능성 등에서 차별이 있는지를 인지하는 것이다. 태도는 성별 고정관념을 거부하고 다양성을 수용하는 마음가짐을 의미하고, 행동은 모든 성별과 성적 지향에 대해 존중하고, 공평하게 대우하는 것이며, 반응은 모든 성별의 요구에 대해 반응하도록 정책, 제도, 서비스 등을 설계하는 것이다.

성인지 감수성을 가진 개인은 일상의 현실 속에서 특정 성별에 유리하거나 불리한 제도와 관행은 없는지 살펴보고, 이를 개선하려는 의지가 있다. 또 젠더(gender: 사회문화적 성)에 따르는 특권이나 차별을 폐지하고, 어떤 종류의 성희롱 · 성폭력도 근절하려는 의지를 갖춘다.

## 2. 성인지 감수성의 중요성

성인지 감수성은 가정, 학교, 직장, 지역사회 등 모든 종류의 조직과 단체가 지속 가능한 발전을 이루고, 화합하기 위해 필요한 역량이다. 또 성평등의 증진, 젠더 기반 폭력과 차별의 예방, 조직의 효과성 증진, 인권의 향상, 지속가능한 발전 등 다양한 측면에서 중요하다.

첫째, 성인지 감수성은 집단의 제도, 문화, 관행 등에 스며있는 성차별과 불평등을 발견하고, 이를 개선하는 데 도움을 주는 기본적인 역량이고, 실질적인 평등을 구현하는데 기초가 된다(UN Women, 2015). 예를 들어, 가정에서 모든 가족 구성원이 성별의 구분 없이 가사에 공동으로 참여하고, 서로 돕는다면 그 가정은 지속 가능성이 높아질 것이다. 반면, 어느 한 성별의 일방적인 희생을 통해서 유지되는 가정은 지속하기 어려울 것이다. 또 기업에서도 특정 성별이나 성정체성(Gender Identity)을 이유로 보직, 승진, 기회 등에서 차별한다면 인재를 적재적소에서 활용하지 못하고, 그런 기업은 도태

될 수밖에 없다.

둘째, 성인지 감수성은 젠더 기반의 폭력과 차별을 예방하기 위해 핵심적인 역량이다. 어떤 조직에서 남성이 지배적이라면 여성은 젠더 기반 폭력과 차별의 위험에 노출될 수 있고, 반대로 여성이 지배적인 조직에서 남성이 차별을 경험할 수도 있다. 성소수자에 대한 차별이 허용되는 조직에서 성소수자는 위축되어 자신들의 생각과 감정을 표현하기 어렵고, 이는 결과적으로 조직 역량의 저해로 이어진다. 성인지 감수성이 높은 조직에서는 성별 권력관계에 의해 발생하는 차별과 폭력에 대한 민감성이 높고, 이를 용납하지 않는다(Flood, 2011).

셋째, 성인지 감수성은 조직의 효과성을 높이는 요소다. 성인지 감수성이 높은 조직은 성평등이 확립되어 조직 구성원의 만족도와 생산성이 향상된다. 또 조직 의사결정권자의 성인지 감수성이 높을수록 이해관계자(stakeholder)의 요구에 민감하게 반응하고, 더 많은 의견을 포용하려는 경향이 있다. 예를 들어, 직장 내 돌봄시설이 마련되어 있고, 유연근무제가 정착된 기업의 구성원들은 조직에 대한 충성도와 헌신 등이 높으며 이는 결과적으로 생산성 향상과 이윤 창출로 연결된다(Jackson & Jackson, 2020).

넷째, 성인지 감수성은 학교에서 교육 효과성을 높여준다. 학교 행정가와 교사의 성인지 감수성이 높으면 남녀 학생 간에 성별로 인한 교육 불평등이 발생하지 않도록 노력하고, 젠더 기반 폭력을 예방할 수 있다. 또 동료 학생들이 서로 존중하고, 차별과 폭력을 거부하는 태도를 형성하게 해주어서 학업에 집중할 수 있다. 또 성인지 감수성이 높은 교사는 성역할 고정관념을 배제하고 학생이 개성과 창의성에 따라서 흥미와 적성을 개발하도록 한다. 예컨대 여학생이 체육, 과학, 산업기술 등에 관심을 가지고 진로 적성을 탐구할 수도 있고, 남학생이 간호, 유아교육, 미용 등에 관심을 두고 특기를 개발할 수 있도록 장려한다(Unterhalter, 2007).

마지막으로 성인지 감수성은 조직 내의 인권을 증진하고, 지속가능한 발전을 촉진한다. 성인지 감수성이 정착된 조직에서는 인종, 성별, 종교, 장애 유무, 출신 지역 등을 이유로 발생하는 차별을 용납하지 않고, 누구든지 기본적인 인격을 존중받고, 능력을 펼칠 수 있도록 장려한다. 이를 통해 조직 내 인권이 보장되고, 각 개인이 다양한 개성과 역량을 발휘할 수 있으므로 조직이 계속 발전할 수 있다(Sposato et al., 2015).

## 3. 성인지 감수성 진단

고용노동부(2018)에서는 직장 내에서 발생하는 성희롱 · 성폭력 예방을 위해서 '직장 내 성희롱 자가진단앱'을 개발했는데, 그 안에 성인지 감수성 진단 문항이 포함되어 있다. 진단 문항은 총 20문항으로 구성되어 있는데, 구성요인은 ① 직장 내 성희롱에 대한 관대화 정도(8개 문항), ② 성역할 고정관념 정도 (7문항), ③ 직장 내 성희롱 예방을 위한 제도적 대응 (5문항) 등이다.

[표 3-1] 고용노동부 성인지감수성 체크리스트(2018)

| 점검 내용 | 전혀 아니다 (5점) | 아니다 (4점) | 보통이다 (3점) | 그렇다 (2점) | 매우 그렇다 (1점) |
|---|---|---|---|---|---|
| 1. 나는 평상시 직원들의 외모나 옷차림새에 대한 얘기를 가끔 하는 편이다. | | | | | |
| 2. 술자리에서 가끔 성적 농담을 하는 직장 동료는 큰 문제가 아니라고 생각한다. | | | | | |
| 3. 사소한 성적언동까지 직장 내 성희롱으로 문제를 제기하는 것은 조직문화를 경직되게 만든다. | | | | | |
| 4. 나는 직장 내 성희롱을 목격하거나 들었을 때 문제를 제기하거나 도움을 주는 등 나서지 않는다. | | | | | |
| 5. 나는 직원들과 격려나 친밀감의 표시로 신체적 접촉을 자주 하는 편이다. | | | | | |
| 6. 노출이 심한 옷을 입는 여성동료를 보면 직장 내 성희롱에 많이 노출될 것 같다. | | | | | |
| 7. 직장 내 성희롱은 대부분 피해자가 제대로 대처하지 못해 발생하는 경우가 많다. | | | | | |
| 8. 직장 내 성희롱 피해가 여성에게 많이 발생하는 이유는 여성이 지나치게 예민하거나 의사소통 기술에 문제가 있기 때문이다. | | | | | |
| 9. 고객서비스 부서나 상담 부서의 경우 부드러운 분위기를 위해 여성 직원이 맡는 것이 더 적합하다. | | | | | |
| 10. 나는 평상시 남자가~, 여자가~ 라는 말을 자주 하는 편이다. | | | | | |

| 점검 내용 | 전혀 아니다 (5점) | 아니다 (4점) | 보통 이다 (3점) | 그렇다 (2점) | 매우 그렇다 (1점) |
|---|---|---|---|---|---|
| 11. 나는 여성직원에게 결혼이나 출산계획에 대해 가끔 물어보는 편이다. | | | | | |
| 12. 직장에서 여성은 여성답게 남성은 남성답게 복장을 갖추어야 한다고 생각한다. | | | | | |
| 13. 육아휴직을 사용하는 남성을 보면 승진을 포기한 사람이구나 라는 생각이 든다. | | | | | |
| 14. 우리 회사는 복사, 회식장소 예약, 동료 생일 챙기기 등 비업무적인 일은 여성들이 담당하고 있다. | | | | | |
| 15. 우리 회사는 직원 화합을 위한 행사에서 남녀를 구분하여 참여하도록 기획한다. | | | | | |
| 16. 나는 직장 내 성희롱 사건을 신고할 수 있는 직장 내 공식적, 비공식적 절차에 대해 잘 모른다. | | | | | |
| 17. 우리 회사는 직장 내 성희롱 사건 당사자의 비밀 보호에 소홀하다. | | | | | |
| 18. 평소 경영진과 관리자는 직장 내 성희롱 예방에 대해 별 관심이 없다. | | | | | |
| 19. 우리 회사는 직장 내 성희롱 행위자에 대해 징계 등 인사상 불이익 조치를 하더라도 피해자를 보호하지는 못할 것 같다. | | | | | |
| 20. 우리 회사는 직장 내 성희롱 발생 시 정해진 절차를 준수하지 않는 편이다. | | | | | |

성인지 감수성 진단 체크리스트의 결과를 아래와 같은 기준으로 해석할 수 있다.

| 문항 | 요인 | 해석 | 평균 |
|---|---|---|---|
| 1~8번 | 직장 내 성희롱에 대한 관대화 정도 | 문항의 평균점수가 5점에 가까울수록 직장 내 성희롱에 대해 관대하지 않음 | |
| 9~15번 | 성 역할 고정관념 정도 | 문항의 평균점수가 5점에 가까울수록 성 역할 고정관념을 가지고 있지 않음 | |
| 16~20번 | 직장 내 성희롱에 대한 제도적 대응 | 문항의 평균점수가 5점에 가까울수록 직장 내에서 성희롱 예방과 대응을 위한 제도화가 잘 되어 있음 | |

## 4. 성인지 감수성 관련 대법원 판례와 토론

### 가. 대법원 2017두74702 교원소청심사위원회 결정 취소

대학교수의 학생들에 대한 언동이 성희롱에 해당하는지 및 그에 대한 피해자 진술의 증명력을 인정할 수 있는지가 문제 된 사건[대법원 2018. 4. 12. 선고 중요판결]

주 문

원심판결을 파기하고, 사건을 대구고등법원에 환송한다.

**1. 사건의 경위**

**가. 원고는 학교법인 ○○학원이 설립·운영하는 ○○△△대학교의 □□□계열 교수이고, 피해자 소외 1, 소외 2는 소속 학과 학생들이다.**

**나. 피고보조참가인은 2015. 4. 10. 원고가 소속 학과 여학생들에게 다음과 같은 행위 등을 포함하여 수차례 성희롱 및 성추행 행위를 하였고 이는 사립학교법 제61조 제1항 각 호의 징계사유에 해당한다는 사유로 원고를 해임하였다.**

(1) 피해자 소외 1 관련 징계사유

① 소외 1이 봉사활동을 위한 추천서를 받기 위해 친구들과 함께 원고의 연구실을 방문했을 때, 뽀뽀해 주면 추천서를 만들어 주겠다고 하였다(제1-2 징계사유).

② 수업 중 질문을 하면 소외 1을 뒤에서 안는 듯한 포즈로 지도하였다(제1-3 징계사유).

③ 소외 1이 원고의 연구실을 찾아가면 "남자친구와 왜 사귀냐, 나랑 사귀자", "나랑 손잡고 밥 먹으러 가고 데이트 가자", "엄마를 소개시켜 달라"고 하는 등 불쾌한 말을 하였다(제1-4 징계사유).

(2) 피해자 소외 2 관련 징계사유

① 수업시간에 소외 2를 뒤에서 안는 식으로 지도하고 불필요하게 소외 2와 한 의자에 앉아 가르쳐 주며 신체적 접촉을 많이 하였다(제3-1 징계사유).

② 복도에서 소외 2와 마주칠 때 얼굴에 손대기, 어깨동무, 허리에 손 두르기와 함께 손으로 엉덩이를 툭툭 치는 행위를 하였다(제3-2 징계사유).

③ 소외 2와 단 둘이 있을 때 팔을 벌려 안았다(제3-3 징계사유).

④ 학과 MT에서 아침에 자고 있던 소외 2의 볼에 뽀뽀를 2차례 하여 정신적 충격을 주었다(제3-4 징계사유).

⑤ 장애인 교육 신청서를 제출하러 간 소외 2에게 자신의 볼에 뽀뽀를 하면 신청서를 받아 주겠다고 하여 소외 2가 어쩔 수 없이 원고의 볼에 뽀뽀를 하였다(제3-5 징계 사유).

다. 원고는 징계에 불복하여 2015. 5. 7. 피고에 대하여 소청심사를 청구하였고, 피고가 원고 청구를 모두 기각하는 결정을 하자, 그 취소를 구하는 이 사건 소송을 제기하였다.

**2. 원심(대구고법)의 판단**

**가. 피해자 소외 1 관련 징계사유에 관하여**

(1) 제1-3 징계사유 가운데 소위 '백허그'를 하였다는 것은, 교수인 원고가 많은 학생들이 수업을 받는 실습실에서 그러한 행위를 시도하였다는 것을 상상하기 어려울 뿐만 아니라, 위 피해자가 익명으로 이루어진 강의 평가에서 이에 대한 언급 없이 원고의 교육방식을 긍정적으로 평가한 점 등에 비추어 볼 때 발생 사실 자체를 인정하기 어렵다. 다만 원고가 위 피해자의 손 위로 마우스를 잡거나 어깨동무를 하는 등의 불필요한 신체적 접촉을 한 사실은 인정할 수 있지만, 이는 원고의 적극적인 교수방법에서 비롯된 것이고 위 피해자가 그 후에도 계속하여 원고의 수업을 수강한 점 등에 비추어 볼 때 **일반적이고 평균적인 사람의 입장에서 성적 굴욕감이나 혐오감을 느낄 수 있는 정도에 이른 것이라고 보기 어렵다.**

(2) 제1-2, 제1-4 징계사유와 같은 말을 한 사실은 인정할 수 있고 이는 부적절한 면이 없지 않지만, 원고는 평소 위 피해자를 비롯한 소속 학과 학생들과 격의 없고 친한 관계를 유지하면서 자주 농담을 하거나 가족 이야기, 연애상담을 나누기도 한 점, 원고와 위 피해자의 대화 가운데 극히 일부분을 전체적인 맥락을 고려하지 않은 채 문제 삼는 것은 부적절하다는 점 등을 고려하여 보면 이는 피해자인 여학생의 입장에서 성적 굴욕감이나 혐오감을 느꼈다고 보기 어렵다.

나. 피해자 소외 2 관련 징계사유에 관하여

제3-1 내지 5 징계사유에 관한 피해자 소외 2의 진술은 다음과 같은 이유로 신빙성을 인정하기 곤란하다. 그리고 그 진술 내용에 의하더라도 원고의 강의에 대한 학생들 의 평가가 매우 좋았던 점, 원고가 평소 친밀감의 표현으로 다수의 제자들을 향하여 팔을 벌려 안으려는 듯한 자세를 취한 것을 과장한 것이 아닌가 의심이 드는 점, 위 피해자가 원고에게 뽀뽀를 한 것은 그녀의 친구들이 벌인 장난 가운데 일어난 일로서 원고가 이를 강요하였다고 볼 수 없는 점 등에 비추어 볼 때 그 징계사유를 모두 인정할 수 없다. 첫째로, 피해자 소외 2는 최초 소외 1의 부탁을 받고 자신의 성희롱 사건도 함께 신고하게 된 것인데, 자신의 피해사실에 대하여는 형사고소 이후 수사기관이나 법원에서 진술을 거부하면서도 소외 1의 피해사실에 대하여는 증인으로 출석하여 자유롭게 진술하고 있는데, 이를 성희롱 내지 성추행 피해자로서의 대응이라고 볼 수 있을지 의문이다.

둘째, 위 피해자가 자신의 진술서를 작성한 것은 2014. 12. 17. 무렵인데, 그 기재 내용은 2013년부터 2014년 전반기까지 일어난 일들이어서 소외 1의 권유 또는 부탁이 없었더라면 과연 한참 전의 원고 행위를 비난하거나 신고하려는 의사가 있었는지 의심스럽다.

셋째, 위 피해자는 이전에는 원고와 격의 없이 지내다가 이 사건 해임처분이 있은 이후로는 원고를 만나는 것을 피하고 있는 것으로 보이는데, 이로 미루어 볼 때 위 피해자가 자신의 피해사실에 대하여 수사기관 등에서 진술을 거부한 이유는 자신의 신고로 인한 책임추궁이

두렵기 때문으로 의심된다.

넷째, 위 피해자는 원고에 대한 형사고소를 하지 않을 것을 약속하는 각서를 작성하여 주는 대신 원고에게도 자신에 대한 법적 대응을 하지 않도록 요구하여 그러한 내용의 원고 명의 각서를 공증사무소에서 인증받기까지 하였는데, 이는 통상 피해자가 단순히 가해자를 용서하는 합의를 하여주는 행동이라고 보기에는 이례적이다.

다. 징계양정에 관하여

가사 위 징계사유가 모두 인정된다고 하더라도, 원고의 언동은 좁은 실습실에서 소위 맨투맨식 강의방법으로 적극적인 수업을 하고 학생들과 격의 없이 대화하고 농담도 하며 친밀하게 지내던 중에 아무런 고의 없이 이루어진 일이라는 점, 여학생들도 대부분 당시에는 별다른 문제점을 느끼지 못하고 심각하게 받아들이지 아니하였다가 짧게는 3개월 길게는 1년 이상의 세월이 흐른 후에 피해자 소외 1의 문제 제기로 인하여 신고하게 된 것이라는 점 및 이 사건 발생 경위와 피해 정도에 비추어 볼 때, 이 사건의 해임처분은 원고 행위의 비위 정도에 비추어 지나치게 무거워 징계 재량권의 범위를 일탈·남용한 것으로서 위법하다.

**3. 대법원의 판단**

**가. 성희롱의 판단기준 및 증명책임에 관하여**

(1) 성희롱이란 업무, 고용, 그 밖의 관계에서 국가기관··지방자치단체, 각급 학교, 공직유관단체 등 공공단체의 종사자, 직장의 사업주·상급자 또는 근로자가 ① 지위를 이용하거나 업무 등과 관련하여 성적 언동 또는 성적 요구 등으로 상대방에게 성적 굴욕감이나 혐오감을 느끼게 하는 행위, ② 상대방이 성적 언동 또는 요구 등에 따르지 아니한다는 이유로 불이익을 주거나 그에 따르는 것을 조건으로 이익 공여의 의사표시를 하는 행위를 하는 것을 말한다(양성평등기본법 제3조 제2호, 남녀고용평등과 일·가정 양립 지원에 관한 법률 제2조 제2호, 국가인권위원회법 제2조 제3호 라목 등 참조). 여기에서 '성적 언동'이란, 남녀 간의 육체적 관계나 남성 또는 여성의 신체적 특징과 관련된 육체적, 언어적, 시각적 행위로서 사회공동체의 건전한 상식과 관행에 비추어 볼 때, 객관적으로 상대방과 같은 처지에 있는 일반적이고도 평균적인 사람으로 하여금 성적 굴욕감이나 혐오감을 느끼게 할 수 있는 행위를 의미한다. 성희롱이 성립하기 위해서는 행위자에게 반드시 성적 동기나 의도가 있어야 하는 것은 아니지만, 당사자의 관계, 행위가 행해진 장소 및 상황, 행위에 대한 상대방의 명시적 또는 추정적인 반응의 내용, 행위의 내용 및 정도, 행위가 일회적 또는 단기간의 것인지 아니면 계속적인 것인지 여부 등의 구체적 사정을 참작하여 볼 때, 객관적으로 상대방과 같은 처지에 있는 일반적이고도 평균적인 사람으로 하여금 성적 굴욕감이나 혐오감을 느낄 수 있게 하는 행위가 있고, 그로 인하여 행위의 상대방이 성적 굴욕감이나 혐오감을 느꼈음이 인정되어야 한다(대법원 2007. 6. 14. 선고 2005두6461 판결 등 참조).

(2) 성희롱을 사유로 한 징계처분의 당부를 다투는 행정소송에서 징계사유에 대한 증명책임은 그 처분의 적법성을 주장하는 피고에게 증명책임이 있다. 다만 민사소송이나 행정소송에서 사실의 증명은 추호의 의혹도 없어야 한다는 자연과학적 증명이 아니고, 특별한 사정이

없는 한 경험칙에 비추어 모든 증거를 종합적으로 검토하여 볼 때 어떤 사실이 있었다는 점을 시인할 수 있는 고도의 개연성을 증명하는 것이면 충분하다(대법원 2010. 10. 28. 선고 2008다6755 판결 등 참조). 민사책임과 형사책임은 그 지도이념과 증명책임, 증명의 정도 등에서 서로 다른 원리가 적용되므로, 징계사유인 성희롱 관련 형사재판에서 성희롱 행위가 있었다는 점을 합리적 의심을 배제할 정도로 확신하기 어렵다는 이유로 공소사실에 관하여 무죄가 선고되었다고 하여 그러한 사정만으로 행정소송에서 징계사유의 존재를 부정할 것은 아니다(대법원 2015. 3. 12. 선고 2012다 117492 판결 등 참조). **법원이 성희롱 관련 소송의 심리를 할 때에는 그 사건이 발생한 맥락에서 성차별 문제를 이해하고 양성평등을 실현할 수 있도록 '성인지 감수성'을 잃지 않아야 한다(양성평등기본법 제5조 제1항 참조).** 그리하여 우리 사회의 가해자 중심적인 문화와 인식, 구조 등으로 인하여 피해자가 성희롱 사실을 알리고 문제를 삼는 과정에서 오히려 부정적 반응이나 여론, 불이익한 처우 또는 그로 인한 정신적 피해 등에 노출되는 이른바 '2차 피해'를 입을 수 있다는 점을 유념하여야 한다. 피해자는 이러한 2차 피해에 대한 불안감이나 두려움으로 인하여 피해를 당한 후에도 가해자와 종전의 관계를 계속 유지하는 경우도 있고, 피해사실을 즉시 신고하지 못하다가 다른 피해자 등 제3자가 문제를 제기하거나 신고를 권유한 것을 계기로 비로소 신고를 하는 경우도 있으며, 피해사실을 신고한 후에도 수사기관이나 법원에서 그에 관한 진술에 소극적인 태도를 보이는 경우도 적지 않다. **이와 같은 성희롱 피해자가 처하여 있는 특별한 사정을 충분히 고려하지 않은 채 피해자 진술의 증명력을 가볍게 배척하는 것은 정의와 형평의 이념에 입각하여 논리와 경험의 법칙에 따른 증거판단이라고 볼 수 없다.**

**나. 징계사유의 존부에 관하여**

(1) 위 법리에 비추어 원심이 제1-3, 제3-1 내지 5 징계사유인 성희롱 사실 발생 자체를 인정할 수 없다고 판단한 부분을 살펴본다. 먼저 원심은 제1-3 징계사유와 관련하여 원고가 수업 중에 실습실에서 소위 '백허그'를 하였다는 것은 상상하기 어렵다고 판단하였다. 원심은 위 행위 외의 다른 부분에 대해서는 원고가 피해자 소외 1에 대하여 불필요한 신체 접촉을 한 사실을 인정하면서도, 위 행위 부분에 대해서는 위 피해자가 익명으로 이루어진 강의평가에서 이에 대한 언급 없이 원고의 교육방식을 긍정적으로 평가하였다든가 또는 그 후에도 계속하여 원고의 수업을 수강한 점 등을 근거로 피해자 진술의 증명력을 가볍게 배척하였다. 그러나 이는 앞서 본 법리에 비추어 볼 때 법원이 충분히 심리를 한 끝에 상반되는 증거를 비교·대조하여 증명력을 평가하여 내린 결론이라고 보기 어렵다. 다음으로 제3-1 내지 5 징계사유에 관한 피해자 소외 2의 진술을 배척한 이유들 역시 선뜻 받아들이기 어렵다. 피해자가 자신의 성희롱 피해 진술에 소극적이었다거나 성희롱 사실 발생 후 일정 시간이 경과한 후에 문제를 제기했다는 등의 사정이 피해자 진술을 가볍게 배척할 사유가 아님은 이미 살펴본 바와 같다. 특히 원심이 소외 1의 권유 또는 부탁이 없었더라면 과연 피해자에게 한참 전의 원고 행위를 비난하거나 신고하려는 의사가 있었는지 의심스럽다고 한 부분은 성희롱 사실 발생 자체를 배척하는 근거로 삼기에 적절하지 않다.

(2) 제1-2, 제1-3, 제1-4 징계사유에 관한 원심 판단을 살펴본다. 원심이, 제1-2, 제1-4 징

계사유와 관련하여 원고와 피해자의 대화 가운데 극히 일부분을 전체적인 맥락을 고려하지 않은 채 문제 삼는 것은 적절하지 않다고 판단한 것 자체는 옳다. 그러나 원심이 이에 관하여 원고가 평소 학생들과 격의 없고 친한 관계를 유지하면서 자주 농담을 하거나 가족 이야기, 연애상담을 나누기도 한 점 등을 이유로 들고, 제1-3 징계사유와 관련하여 원고가 피해자에 대하여 불필요한 신체 접촉을 한 사실이 인정되더라도 이는 원고의 적극적인 교수방법에서 비롯된 것이고 피해자가 성희롱 사실 이후에도 계속하여 원고의 수업을 수강한 점 등을 이유로 들어 원고의 행위가 일반적이고 평균적인 사람의 입장에서 성적 굴욕감이나 혐오감을 느낄 수 있는 정도에 이른 것이라고 보기 어렵다고 판단한 부분은 수긍할 수 없다. 이와 같은 이유 설시는 **자칫 법원이 성희롱 피해자들이 처한 특별한 사정을 고려하지 않은 채 은연중에 가해자 중심적인 사고와 인식을 토대로 평가를 내렸다는 오해를 불러일으킬 수 있어 적절하지 않다.** 원고의 행위가 성희롱에 해당하는지 여부는 가해자가 교수이고 피해자가 학생이라는 점, 성희롱 행위가 학교 수업이 이루어지는 실습실이나 교수의 연구실 등에서 발생하였고, 학생들의 취업 등에 중요한 교수의 추천서 작성 등을 빌미로 성적 언동이 이루어지기도 한 점, 이러한 행위가 일회적인 것이 아니라 계속적으로 이루어져 온 정황이 있는 점 등을 충분히 고려하여 우리 사회 전체의 일반적이고 평균적인 사람이 아니라 **피해자들과 같은 처지에 있는 평균적인 사람의 입장에서 성적 굴욕감이나 혐오감을 느낄 수 있는 정도였는지를 기준으로 심리・판단하였어야 옳았다.**

**다. 소결**

그런데도 원심은 이와 달리 앞서 본 이유만을 들어 피해자들의 진술을 배척하거나 원고의 언동이 성희롱에 해당하지 않는다고 보아 이 사건 징계사유들이 인정되지 않는다고 단정하였다. 이러한 원심판단에는 논리와 경험의 법칙에 반하여 자유심증주의의 한계를 벗어나거나 성희롱의 성립 요건 및 증명책임에 관한 법리를 오해하여 심리를다하지 않는 등으로 판결에 영향을 미친 잘못이 있다.

4. 결론

그러므로 나머지 상고이유에 대한 판단을 생략한 채 **원심판결을 파기하고, 사건을 다시 심리・판단하도록 원심법원에 환송**하기로 하여, 관여 대법관의 일치된 의견으로 주문과 같이 판결한다.

재판장 대법관 고영한
대법관 김소영
주 심 대법관 권순일
대법관 조재연

### 활동해보기 1

1. 위 판례는 '성인지 감수성'을 대법원 판결문에 최초로 명시하여 이후 대법원 판결과 하급심 판단에 중요한 영향을 주었다. 위 판결에 대해 찬성 측과 반대 측으로 조를 나누어 자유롭게 토론해 보자.

| 입장 | 찬성 측 | 반대 측 |
|---|---|---|
| 논거 | | |
| 판결에 대한 보충 의견 | | |
| 기타 | | |

**나. 피해자 진술의 신빙성 판단이 문제된 사건[대법원 2018. 10. 25. 선고 중요판결]**

① 성폭행 사건에서 피해자 진술의 신빙성을 판단함에 있어 법원이 유념하여야 하는 점 및 피해자 진술의 신빙성 판단 방법

② 강간죄가 성립하기 위한 폭행·협박이 있었는지 여부의 판단기준

③ 피고인 진술의 신빙성이 인정되지 않는다는 사정이 공소사실을 뒷받침하는 증거에 해당하는지 여부

① 법원이 성폭행이나 성희롱 사건의 심리를 할 때에는 그 사건이 발생한 맥락에서 성차별 문제를 이해하고 양성평등을 실현할 수 있도록 '성인지 감수성'을 잃지 않도록 유의하여야 한다(양성평등기본법 제5조 제1항 참조). 우리 사회의 가해자 중심의 문화와 인식, 구조 등으로 인하여 성폭행이나 성희롱 피해자가 피해사실을 알리고 문제를 삼는 과정에서 오히려 피해자가 부정적인 여론이나 불이익한 처우 및 신분 노출의 피해 등을 입기도 하여 온 점 등에 비추어 보면, 성폭행 피해자의 대처 양상은 피해자의 성정이나 가해자와의 관계 및 구체적인 상황에 따라 다르게 나타날 수밖에 없다. 따라서 개별적, 구체적인 사건에서 성폭행 등의 피해자가 처하여 있는 특별한 사정을 충분히 고려하지 않은 채 피해자 진술의 증명력을 가볍게 배척하는 것은 정의와 형평의 이념에 입각하여 논리와 경험의 법칙에 따른 증거판단이라고 볼 수 없다(대법원 2018. 4. 12. 선고 2017두74702 판결 참조).

② 강간죄가 성립하기 위한 가해자의 폭행 · 협박이 있었는지 여부는 그 폭행 · 협박의 내용과 정도는 물론 유형력을 행사하게 된 경위, 피해자와의 관계, 성교 당시와 그 후의 정황 등 모든 사정을 종합하여 피해자가 성교 당시 처하였던 구체적인 상황을 기준으로 판단하여야 하며, 사후적으로 보아 피해자가 성교 이전에 범행 현장을 벗어날 수 있었다거나 피해자가 사력을 다하여 반항하지 않았다는 사정만으로 가해자의 폭행 · 협박이 피해자의 항거를 현저히 곤란하게 할 정도에 이르지 않았다고 섣불리 단정하여서는 아니 된다(대법원 2005. 7. 28. 선고 2005도3071 판결 등 참조).

③ 강간죄에서 공소사실을 인정할 증거로 사실상 피해자의 진술이 유일한 경우에 피고인의 진술이 경험칙상 합리성이 없고 그 자체로 모순되어 믿을 수 없다고 하여

그것이 공소사실을 인정하는 직접증거가 되는 것은 아니지만, 이러한 사정은 법관의 자유판단에 따라 피해자 진술의 신빙성을 뒷받침하거나 직접증거인 피해자 진술과 결합하여 공소사실을 뒷받침하는 간접정황이 될 수 있다.

☞ 피고인이 친구의 아내를 강간한 혐의 등으로 기소된 사안에서, 피해자가 처하여 있는 특별한 사정을 충분히 고려하지 않은 채 피해자 진술의 신빙성을 배척하기에 부족하거나 피해자의 진술과 양립 가능한 사정만을 근거로 피해자 진술의 신빙성을 배척하여 무죄로 판단한 원심을 파기한 사례

**주 문**

원심판결을 파기하고, 사건을 대전고등법원에 환송한다.

**이 유**

상고이유를 판단한다.

**1. 피고인의 상고이유에 대하여**

원심판결 이유를 적법하게 채택된 증거들에 비추어 살펴보면, 원심이 그 판시와 같은 이유를 들어 이 사건 공소사실 중 각 협박, 상해, 특수협박, 특수상해, 피해자 공소외 1에 대한 폭행의 점이 모두 유죄로 인정된다고 판단한 것은 정당하고, 거기에 상고 이유 주장과 같이 필요한 심리를 다하지 아니한 채 논리와 경험의 법칙을 위반하여 자유심증주의의 한계를 벗어나거나 공소장변경 및 협박죄에 관한 법리를 오해하는 등의 잘못이 없다.

**2. 검사의 상고이유에 대하여**

가. 이 사건 공소사실 중 공소외 1에 대한 강간의 점의 요지

피고인은 2017. 4. 14. 23:43경부터 다음 날 01:06경까지 사이에 (지명 생략)에 있는 ○○무인모텔 △△△호실에서 피해자 공소외 1에게 자신의 말을 듣지 않으면 피해자의 남편과 자녀들에게 위해를 가할 것처럼 피해자를 협박하여 이에 겁을 먹은 피해자를 강간하기로 마음먹고, 피해자를 강제로 침대에 눕힌 후 왼손으로 피해자의 쇄골 부위를 눌러 반항을 억압한 다음 오른손으로 피해자의 바지와 속옷을 벗기고 피해자를 1회 간음하여 강간하였다.

나. 원심(대전고법)의 판단

원심은, 다음과 같은 사정을 종합하여 보면 이 부분 공소사실에 부합하는 피해자의 수사기관 및 제1심에서의 진술만으로는 이 부분 공소사실이 합리적인 의심을 배제할 정도로 증명되었다고 할 수 없고 달리 이 부분 공소사실을 인정할 증거가 없다는 이유로, 이 부분 공소사실을 무죄로 판단한 제1심판결을 그대로 유지하였다.

(1) 피해자와 피고인의 문자메시지 내역이 삭제되어 그 내용을 확인할 수 없고, 피해자가

피고인으로부터 폭행을 당한 다음 날 피고인과 식사를 하고, 그 무렵부터 네 번 정도 더 피고인을 만나 자신의 일상에 관한 이야기를 하였다. 모텔 CCTV 영상에서 피해자가 모텔에 들어가는 과정에서 겁을 먹었다는 사정이 보이지 않고, 오히려 모텔에 가기 직전에 남편 공소외 2에게 '졸려서 먼저 자겠다'는 내용의 카카오톡 메시지를 보냈을 뿐, 수사기관이나 남편에게 피고인의 협박사실을 알리지 않았다. 이러한 점에 비추어, 피고인이 피해자를 계속하여 협박하였고 이로 인해 피해자가 모텔로 들어갈 때까지 외포된 상태에 있었는지 의문이 든다.

(2) 피해자가 모텔에서 피고인과 성관계를 가진 후 피고인에게 '템포'라는 상호의 생리대에 관하여 이야기하였고, 화장실에서 샤워하고 나와 피고인과 담배를 피우며 남편 등 가정 관련 대화를 10여 분 하다가 모텔에서 나온 것은, 성관계를 갖기 위해 피해자를 협박한 사실이 없고 자유로운 의사에 따라 성관계를 한 것이라는 피고인의 주장에 더 부합하는 측면이 있고, 위 모텔 CCTV 영상에서 피해자가 모텔에서 나와 차를 타고 돌아갈 때 강간을 당했다거나 외포된 상태에 있다는 사정이 확인되지 않는 점에 비추어, 피고인이 실제로 피해자를 폭행・협박하였고 이로 인하여 피해자가 항거가 불가능하게 되거나 현저히 곤란하게 되어 간음에 이른 것인지 의문이 든다.

(3) 피해자는 공소외 2가 베트남에서 귀국하여 바로 집에 들렀을 당시에 곧바로 강간피해 사실을 말하지 않고 그날 저녁 경에 비로소 말하였다는 것인데, 공소외 2와 피고인이 어렸을 때부터 친구였고 조직폭력단체 내에서의 위상도 비슷하거나 공소외 2가 더 높아, 피해자가 공소외 2에게 피해사실을 얘기할 경우 피고인에게 어떠한 조치를 가할 수 있을 것으로 보임에도 즉시 얘기하지 않은 것은, 피고인의 계속된 협박 등으로 강간을 당할 수밖에 없을 정도로 외포된 상태였다는 피해자의 진술에 부합하지 않는다.

다. 대법원의 판단

(1) 증거의 증명력은 법관의 자유판단에 맡겨져 있으나 그 판단은 논리와 경험칙에 합치하여야 하고, 형사재판에 있어서 유죄로 인정하기 위한 심증 형성의 정도는 합리적인 의심을 할 여지가 없을 정도여야 하나, 이는 모든 가능한 의심을 배제할 정도에 이를 것까지 요구하는 것은 아니며, 증명력이 있는 것으로 인정되는 증거를 합리적인 근거가 없는 의심을 일으켜 이를 배척하는 것은 자유심증주의의 한계를 벗어나는 것으로 허용될 수 없다(대법원 1994. 9. 13. 선고 94도1335 판결, 대법원 2004. 6. 25. 선고 2004도2221 판결 등 참조). 피해자 등의 진술은 그 진술 내용의 주요한 부분이 일관되며, 경험칙에 비추어 비합리적이거나 진술 자체로 모순되는 부분이 없고, 또한 허위로 피고인에게 불리한 진술을 할 만한 동기나 이유가 분명하게 드러나지 않는 이상, 그 진술의 신빙성을 특별한 이유 없이 함부로 배척해서는 아니 된다(대법원 2006. 11. 23. 선고 2006도5407 판결 참조). **그리고 법원이 성폭행이나 성희롱 사건의 심리를 할 때에는 그 사건이 발생한 맥락에서 성차별 문제를 이해하고 양성평등을 실현할 수 있도록 '성인지 감수성'을 잃지 않도록 유의하여야 한다(양성평등기본법 제5조 제1항 참조).** 우리 사회

의 가해자 중심의 문화와 인식, 구조 등으로 인하여 성폭행이나 성희롱 피해자가 피해 사실을 알리고 문제를 삼는 과정에서 오히려 피해자가 부정적인 여론이나 불이익한 처우 및 신분 노출의 피해 등을 입기도 하여 온 점 등에 비추어 보면, 성폭행 피해자의 대처 양상은 피해자의 성정이나 가해자와의 관계 및 구체적인 상황에 따라 다르게 나타날 수밖에 없다. 따라서 개별적, 구체적인 사건에서 성폭행 등의 피해자가 처하여 있는 특별한 사정을 충분히 고려하지 않은 채 피해자 진술의 증명력을 가볍게 배척하는 것은 정의와 형평의 이념에 입각하여 논리와 경험의 법칙에 따른 증거판단이라고 볼 수 없다(대법원 2018. 4. 12. 선고 2017두74702 판결 참조). 나아가 강간죄가 성립하기 위한 가해자의 폭행·협박이 있었는지 여부는 그 폭행·협박의 내용과 정도는 물론 유형력을 행사하게 된 경위, 피해자와의 관계, 성교 당시와 그 후의 정황 등 모든 사정을 종합하여 피해자가 성교 당시 처하였던 구체적인 상황을 기준으로 판단하여야 하며, 사후적으로 보아 피해자가 성교 이전에 범행 현장을 벗어날 수 있었다거나 피해자가 사력을 다하여 반항하지 않았다는 사정만으로 가해자의 폭행·협박이 피해자의 항거를 현저히 곤란하게 할 정도에 이르지 않았다고 섣불리 단정하여서는 아니 된다(대법원 2005. 7. 28. 선고 2005도3071 판결 등 참조).

(2) 적법하게 채택된 증거들에 의하면, 다음의 사실을 알 수 있다.

① 피고인과 공소외 2는 유치원시절부터 알고 지내던 고향친구로서 30년 이상 친구 사이로 지내왔고, 같이 □□ 지역 조직폭력단체인 '◇◇파'에서 조직원으로 활동한 사실이 있다.

② 피해자와 공소외 2는 모두 이혼한 전력이 있는 사람들로서 2014. 5.경 재혼하였는데, 당시 전남편이나 전처 사이에서 각각 태어난 딸들과 함께 살았다.

③ 피해자와 공소외 2는 재혼한 후 □□시에서 피고인 및 그의 처와 같은 동네에 살면서 부부동반으로 가끔 만났고, 피해자는 피고인의 처와 친한 관계로 지냈다.

④ 피해자와 공소외 2는 2016. 12.경 ☆☆시로 이사를 가게 되었는데, 이사를 가기 전에 공소외 2와 피고인이 사업문제로 사이가 틀어져 이사를 간 후에는 서로 만나거나 연락을 하지 않았고, 피해자도 피고인의 처와 자연히 사이가 멀어져 연락하거나 만나지 않았다.

⑤ 공소외 2는 2017. 4. 10. 사업차 5박 6일 일정(2017. 4. 15. 오전 귀국 예정)으로 베트남으로 출국하였다.

⑥ 피고인은 공소외 2의 이러한 해외여행 일정을 알고 공소외 2가 출국한 당일인 2017. 4. 10. 오후에 피해자에게 카카오톡 메시지로 긴히 할 말이 있으니 만나 줄 것을 요청하여 그날 밤에 피해자를 만났다. 피고인은 자신의 차 안에서 피해자에게 '공소외 2에게 사생아가 있다'는 말을 하였고, 피해자가 황당해하자, 피해자도 들을 수 있는 휴대전화 스피커폰 기능을 이용하여, 후배들에게 전화하여 '공소외 2에게 아들이 있는 것 맞지', '내가 너한테 공소외 2 연장 놓으라고 하면 알지'라고 하거나, 현직 경찰관에게 전화하여 '형님, 제가 지금 낫을 들고 있는데 내 앞에 있는 사람이 말을 듣지 않는데 어떻게 합니까'라고 하고, 그의 처에게도 전화하여 '씨발년아' 등 욕

설을 하며 횡설수설하더니 통화를 끊자마자 피고인의 행동에 충격을 받아 당황한 피해자에게 '이게 진실이다, 정신차려라'고 소리치며, 다짜고짜 손바닥으로 피해자의 뺨을 1회 때리고, 피해자의 머리를 3-4회 때려 피해자를 폭행(이하 '이 사건 폭행'이라 한다)하였다.

⑦ 그 다음 날인 2017. 4. 11.부터 같은 달 13.까지 3일 동안 피고인은 피해자에게 날마다 연락하여 3회 정도 만났는데, 그중 한 번은 이 사건 폭행 다음 날 피해자 친정 근처까지 따라와 분식집에서 점심을 같이 먹은 것이고, 다른 한 번은 저녁 경 피해자가 딸의 약을 사러 대전에 있는 약국에 갈 때 피고인에게서 연락이 와 같이 간 것이며, 나머지 한 번은 피고인이 피해자의 집 부근으로 찾아와 피고인의 차 안에서 잠깐 동안 이야기한 것이다.

⑧ 피해자는 공소외 2가 귀국하기 전날인 2017. 4. 14. 23:05경 공소외 2에게 "졸려서 비행기 탈 때까지 못 기다릴 것 같다. 비행기에서 내리면 전화하라. 먼저 잘 테니 조심히 오라."라는 내용의 카카오톡 메시지를 보냈다.

⑨ 피고인은 2017. 4. 14. 23:43경 조수석에 피해자를 태우고 피해자의 집(☆☆시 ▽▽아파트)에서 아주 가까운 (지명 생략)에 있는 ○○ 무인모텔 주차장에 들어갔다.

⑩ 피고인과 피해자는 이 사건 폭행 이전에는 둘만 만난 적이 전혀 없다.

(3) 먼저 피해자 진술의 신빙성에 관하여 본다.

(가) 피해자의 진술내용은 다음과 같다. 즉 이 사건 폭행 당시 피고인이 피해자와 만난 자리에서 스피커폰으로 다른 사람들과 통화를 하면서 흉기로 피해자나 남편을 해칠 수 있다는 등으로 공포심을 불러일으키는 말을 하여 피해자에게 겁을 주고 이 사건 폭행까지 하였다. 피고인은 그 이후에도 강간범행 전까지 3일 동안 피해자에게 계속 전화하여 만남을 요구하였고, 피해자를 만나 지속적으로 과거나 현재에 자신이 다른 사람을 폭력으로 굴복시킨 이야기 등을 하면서 자신의 말을 듣지 않으면 피해자나 남편과 두 딸의 신변에도 위해를 가할 것처럼 말을 하여 겁을 주었다. 이 사건 강간범행 당일에는 피고인이 밤에 집 앞으로 찾아와 모텔에 가서 잠깐 쉬자는 말을 하여 피해자가 거절하였는데, 피고인이 다시 위협적인 말을 하면서 다른 짓은 하지 않고 맥주만 마시고 나오겠다 고하여 그 말을 믿고 모텔에 가게 되었다. (중략) 기록과 대조하여 살펴보면, 피해자의 위와 같은 진술 내용은 수사기관에서부터 제1심 법정에 이르기까지 일관될 뿐만 아니라 매우 구체적임을 알 수 있다. 또한 위 진술이 경험칙에 비추어 비합리적이라거나 진술 자체로 모순되는 부분을 찾기 어렵다.

(나) 피고인도 이 사건 폭행 당시 차안에서 자신의 지인들과 피해자의 위 진술 내용과 같이 통화한 사실은 일부 인정하고 있다. 또한 이 사건 폭행 이후 피고인과 피해자가 만난 횟수나 만나서 한 일, 모텔에 가기를 거부하는 피해자에게 맥주만 마시자고 말을 하여 피해자를 모텔에 데려간 경위 등에 관하여도 피해자의 진술과 대부분 일치한다.

(다) 원심이 피해자 진술의 신빙성을 배척하는 이유로 들고 있는 사정들은, 피해자가 처

한 구체적인 상황이나 피고인과 피해자의 관계 등에 비추어 피해자의 진술과 반드시 배치된다거나 양립이 불가능한 것이라고 보기 어렵다. 그럼에도 원심이 그러한 사정들을 근거로 피해자 진술의 신빙성을 배척한 것은 **성폭행 피해자가 처하여 있는 특별한 사정을 충분히 고려하지 않음으로써 성폭행 사건의 심리를 할 때 요구되는 '성인지 감수성'을 결여한 것이라는 의심이 든다.**

① 피고인과 피해자의 진술에 의하더라도 당시 피해자는 피고인과 맥주를 마시고 이야기만 하다가 나오기로 하고 모텔에 갔다는 것이고, 모텔 CCTV 영상에 의하더라도 당시 피해자가 피고인과의 신체 접촉 없이 각자 떨어져 앞뒤로 걸어간 것 뿐이다. 그럼에도 이러한 사정을 들어 피해자가 겁을 먹은 것처럼 보이지 않고 나아가 모텔 객실에서 폭행 · 협박 등이 있었는지 의문이 든다고 판단한 것은 납득하기 어렵다.

② 피해자의 집과 범행장소인 이 사건 모텔은 매우 가까운 곳에 위치하고 있었다. 이동에 소요되는 시간과 피해자가 당일 공소외 2에게 카카오톡 메시지를 보낸 시각, 위 모텔 주차장에 도착한 시각 등을 고려해 보면, 피고인과 피해자가 모텔에 가기로 예정된 상태에서 피해자가 공소외 2에게 앞서 본 바와 같은 내용의 메시지를 보낸 것이라고 단정할 수 없다. 더욱이 피고인도 당일 피해자의 집 앞에서 만났을 때는 모텔에 가기로 하였던 것은 아니라고 진술하였다. 물론 피해자가 위 메시지를 보낼 당시 이미 피고인의 전화를 받고 집 앞에서 만나기로 하였기 때문에 미리 공소외 2에게 앞으로 전화를 받지 못하는 사정을 꾸며서 알린 것일 가능성도 있다. 하지만 피해자의 입장에서 늦은 밤에 피고인과 단둘이 만난다는 사실을 남편에게 일부러 알릴 수도 없는 노릇이므로 이는 오히려 자연스러운 것이라고 볼 수 있다. 피해자는 공소외 2가 베트남에 있는 내내 공소외 2와 카카오톡으로 대화를 주고받고 영상통화를 해왔음에도 공소외 2에게 피고인으로부터 이 사건 폭행을 당한 사실이나 공소외 2의 사생아에 관한 이야기를 들은 사실 등 피고인에 대한 일체의 언급을 하지 않았다.

③ 피해자가 이 사건 폭행을 당한 날부터 2017. 4. 14.까지 피고인과 주고받은 휴대전화 메시지를 모두 삭제한 것은 사실이다. 이에 대해 피해자는 경찰에서 피고인이 만날 때마다 자신에게 보낸 문자를 모두 지우라고 해서 피고인이 보는 자리에서 모두 지운 것이라고 일관되게 진술하였고, 경찰 수사에서 메시지 등을 복원할 수 있다는 이야기를 듣고 자신의 휴대전화를 자진하여 제출하기까지 하였다.

④ 피고인과 피해자는 서로 남편의 친구, 친구의 처 사이로서 2016. 12.경 피해자와 공소외 2가 이사가기 전까지 한 동네에 살면서 부부동반으로 만나기도 하고, 피고인의 처와 피해자는 자주 어울리며 친하게 지냈다. 그러므로 피해자가 피고인과 만나 피해자의 가족이나 일상에 관하여 대화를 하는 것은 오히려 자연스럽고, 피해자가 피고인과 대화하면서 별다른 의미를 두지 않고 대답해주었다고 하여 그것이 피해자 진술의 신빙성을 배척할 만한 사정이라고 볼 수 없다.

⑤ (중략) 강간을 당한 피해자의 대처 양상은 피해자의 성정이나 구체적인 상황에 따라 각기 다르게 나타날 수밖에 없다. 피해자는 이전부터 계속되어 온 피고인의 협박으로 이미 외포된 상태에서 제대로 저항하지 못한 채 피고인으로부터 강제로 성폭행을 당하였다는 것이고, 수치스럽고 무서운 마음에 반항을 하지 못하고 피고인의 마음이

어떻게 변할지 몰라 달랬다는 것이므로, 피해자로서는 오로지 피고인의 비위를 거스르지 않을 의도로 위와 같은 대화를 하였던 것으로 보이고, 이러한 사정이 성폭행을 당하였다는 피해자의 진술과 양립할 수 없다고 보기 어렵다. ⑥ 공소외 2는 베트남에서 귀국한 당일 잠깐 집에 들러 옷만 갈아입고는 다시 집을 나가 광주에 있는 장례식에 가는 상황이었으므로, 피해자가 이 사건 강간피해 사실을 공소외 2가 귀국하여 집에 도착한 즉시 말하지 않고 그날 저녁에 공소외 2가 장례식장에서 돌아온 이후에야 말하였다는 사정이 피해자 진술의 신빙성을 배척할 만한 사정이라고 볼 수 없다. 원심 설시와 같이 공소외 2가 과거 조직폭력단체 내에서 피고인과 위상이 비슷하거나 더 높았다고 하더라도, 공소외 2가 피고인과 친구 사이이고, 이미 약 7년 전에 조직폭력단체에서 탈퇴한 점을 고려하면, 공소외 2가 피고인에게 어떠한 조치를 취할 수 있었다고 단정할 수 없고, 설령 공소외 2가 어떠한 조치를 취할 수 있었다고 하더라도 피해자가 남편인 공소외 2에게 강간피해 사실을 곧바로 말하지 않은 것을 두고 피해자 진술의 신빙성을 배척하는 사유로 삼은 것은 납득하기 어렵다.

(4) 다음으로 피고인 진술의 신빙성에 관하여 본다. 강간죄에서 공소사실을 인정할 증거로 사실상 피해자의 진술이 유일한 경우에 피고인의 진술이 경험칙상 합리성이 없고 그 자체로 모순되어 믿을 수 없다고 하여 그것이 공소사실을 인정하는 직접증거가 되는 것은 아니지만, 이러한 사정은 법관의 자유판단에 따라 피해자 진술의 신빙성을 뒷받침하거나 직접증거인 피해자 진술과 결합하여 공소사실을 뒷받침하는 간접정황이 될 수 있다.

(가) 피고인의 진술 요지는 다음과 같다. 즉 피해자는 평소 남편인 공소외 2와 이혼할 생각을 가지고 있었고, 이 사건 폭행 이후 매일 만나면서 서로 연인관계로 발전하였다. (중략)

(나) 우선 피고인은 수사기관에서 피해자와 모텔에 가게 된 경위나 피해자와 성관계를 가졌는지 등에 관하여 최초에는 피해자가 먼저 모텔에 가자고 하였고 성관계는 갖지 않았다고 부인하였다. (중략) 이러한 피고인의 진술은 일관되지 않을 뿐만 아니라 진술 자체로 모순되거나 경험칙상 납득하기 어렵다.

(다) 피고인과 피해자는 이 사건 폭행 이전에는 단둘이 만난 적이 전혀 없고 서로 연락하는 사이도 아니었다. 그런데 피고인은 공소외 2가 해외로 출국한 당일 피해자를 불러내어 처음 만난 자리에서 공소외 2에게 사생아가 있다는 말을 하고, 스피커폰으로 지인들과 통화하면서 흉기로 피해자나 공소외 2를 해칠 수도 있다는 등의 말을 하여 피해자를 위협하고, 나아가 이 사건 폭행까지 하였다. 이후 3일 동안 3회 정도 만난 것은 사실이나, 피고인의 요구에 의하여 분식집에서 함께 점심을 먹거나 차 안에서 잠깐 동안 이야기를 한 것이 전부이고, 이 사건 모텔 CCTV 영상에 의하더라도 피고인과 피해자가 연인과 같은 다정한 모습은 아닌 것으로 보인다. 이러한 사정에 비추어 보면, 이사건 폭행 이후 불과 나흘 만에 연인관계로 발전하여 피해자와 합의 하에 성관계를 가졌다는 피고인의 주장은 도저히 납득하기 어렵다.

(라) 피고인의 주장과 같이 피해자가 합의 하에 성관계를 가진 후 자신의 스케줄을 알려주며 앞으로 남편 몰래 주기적으로 만나기로 약속까지 하였다면 피해자가 공소

외 2가 귀국한 당일 저녁에 곧바로 강간피해 사실을 말할 이유가 없어 보인다. 피고인과의 성관계 사실이 발각될 만한 아무런 사정이 없는 상황에서 피해자가 지레 겁을 먹고 공소외 2에게 자발적으로 강간당하였다고 거짓말을 한다는 것은 경험칙상 이례적이다. 이 사건 범행 이후 피해자와 피고인이 통화를 했다거나 연락한 흔적이 없었다는 점에서도 피고인의 위와 같은 진술은 그대로 믿기 어렵다. 나아가 피해자가 예전부터 남편과 이혼하고 싶어 했다는 것도 피고인의 일방적인 주장에 불과하고 이를 확인할 만한 아무런 정황이 없다. 피해자가 피고인으로부터 사생아 이야기를 들었다고 하더라도 피해자가 이에 관한 진위 여부를 공소외 2에게 확인하지 않은 상태에서 공소외 2와 이혼을 결심하게 되었다고 볼 사정도 보이지 않는다. 그런데도 원심은 위에서 본 바와 같이 피해자 진술의 신빙성을 배척하기에 부족하거나 양립 가능한 사정만을 근거로 피해자 진술의 신빙성을 의심하여 그 증명력을 배척하고 이 부분 공소사실을 무죄로 판단하였으니, 이러한 원심의 판단에는 증거의 증명력을 판단함에 있어 경험칙과 논리법칙에 어긋나는 판단을 함으로써 자유심증주의에 관한 법리를 오해하였거나 채증법칙 위반으로 인하여 사실을 오인함으로써 판결에 영향을 미친 잘못이 있다. 이 점을 지적하는 취지의 상고이유 주장은 이유 있다.

**3. 파기의 범위: 원심판결 중 무죄로 판단된 강간 부분은 파기되어야 할 것인바, 위 죄와 원심이 유죄로 인정한 나머지 각 죄는 형법 제37조 전단의 경합범의 관계에 있어 하나의 형이 선고되어야 할 것이므로, 결국 원심판결은 전부 파기될 수밖에 없다.**

## 활동해보기 2

1. 위 판결에 대해 찬성측과 반대측으로 조를 나누어 위 판결에 대해 토론해 보자.

| 입장 | 찬성 측 | 반대 측 |
|---|---|---|
| 논거 | | |
| 판결에 대한 보충 의견 | | |
| 기타 | | |

## 참고문헌

[ 국내문헌 ]

고용노동부(2018). 직장 내 성희롱 자가진단 앱. 세종: 고용노동부.

송경재, 장유정, 이상봉, 석혜선. (2022). 성인지 감수성을 묻고 답하다. 서울: 양서각.

[ 국외문헌 ]

Flood, M. (2011). Involving men in efforts to end violence against women. Men and Masculinities, 14(3), 358-377.

Jackson, E. A., & Jackson, J. (2020). Global Perspectives on Gender Sensitivity and Economic Benefits. In: Leal Filho, W., Azul, A., Brandli, L., Lange Salvia, A., Wall, T. (eds) Gender Equality. Encyclopedia ofthe UN Sustainable Development Goals. Springer, Cham. https://doi.org/10.1007/978-3-319-70060-1_61-1

Sposato, M., Feeke, S., Anderson-Walsh, P., & Spencer, L. (2015). Diversity, inclusion and the workplace-equality index: The ingredients for organizational success. Human Resource Management International Digest, 23(5), 16-17.

UNESCO (2003). UNESCO's gender mainstreaming implementation framework: Baseline definitions of key concepts and terms. http://portal.unesco.org/es/files/11483/10649049699Definitions.doc/Definitions.doc

United Nations Women (2015). Progress of the World's Women 2015-2016: Transforming Economies, Realizing Rights. https://www.unwomen.org/en/digital-library/publications/2015/4/progress-of-the-worlds-women-2015

Unterhalter, E. (2007). Gender, Schooling and Global Social Justice. Routledge

[ 온라인 ]

대법원(2018.4.12). 2017두74702 교원소청심사위원회결정 취소.

https://www.scourt.go.kr/sjudge/1523855072236_140432.pdf

대법원(2018.10.25.). 2018도7709 해자 진술의 신빙성 판단이 문제된 사건.

https://www.scourt.go.kr/sjudge/1540795944175_155224.pdf

# 4장

# 교제폭력 바로 알기

## 1. 교제폭력이란 무엇인가?

연애는 상호 간의 존중과 애정, 그리고 자율성을 기반으로 성립되는 관계이다. 하지만 그 관계 속에서 통제와 위협, 억압이 지속된다면, 그것은 더 이상 '사랑'이 아니라 폭력이다. 최근 사회에서는 '데이트폭력'이라는 표현 대신, 보다 명확한 의미를 담아 '교제폭력'이라는 용어를 사용하고 있다. '데이트폭력'이라는 말이 마치 연애 관계 내의 사소한 다툼이나 개인적 감정 문제로 치부되는 한계를 지녔기 때문이다. 반면, '교제폭력'은 현재 혹은 과거의 연인관계에서 발생하는 신체적, 정서적, 성적, 경제적 위력 행사를 모두 포함하는 포괄적인 용어로, 친밀한 관계 속에서도 충분히 발생할 수 있는 중대한 인권 침해 행위임을 분명히 드러낸다.

[그림 4-1] 교제폭력

출처 : Physician's Weekly

국제적으로는 이러한 개념을 IPV(Intimate Partner Violence, 친밀한 관계에서의 폭력)라는 용어로 포괄하며 정의한다. 세계보건기구(WHO, 2021)는 IPV를 '현재 또는 과거의 연인이 행사하는 신체적, 성적, 정서적 폭력 또는 통제'로 규정하고 있으며, 이는 단순한 감정적 충돌이 아닌 지속적이고 구조화된 폭력이라는 점을 강조한다. 미국 질병통제예방센터(Centers for Disease Control and Prevention, CDC) 또한 IPV를 '현재 또는 과거의 연인이나 배우자 사이에서 발생하는 모든 형태의 폭력적 행동'으로 정의하며, 이는 정서적 통제와 디지털 학대까지 포함된다(CDC, 2024).

IPV는 결혼 여부와 성별, 성적 지향과 무관하게 발생할 수 있으며, 신체적 폭력 외에도 정서적 학대, 성적 강요, 재정적 통제, 스토킹, 가스라이팅 등 다양한 방식으로 드러난다. 이러한 폭력은 특히 친밀한 관계라는 특수성으로 인해 외부에서 인지되기 어렵고, 피해자 역시 관계에 대한 애착, 수치심, 자기비난 등의 심리로 인해 폭력의 고리를 끊지 못하는 경우가 많다.

## 2. 교제폭력의 특성과 주요 유형

교제폭력의 특성은 다음과 같다. 첫째, 관계의 친밀성으로 인해 폭력이 외부에 노출되기 어렵고, 피해자는 정서적으로 얽매여 있어 폭력에서 쉽게 벗어나지 못한다. 둘째, 폭력은 일회성이 아니라 반복되고 심화되는 경향이 있다. 가령 연애 초기에 시작된 '통제'는 점차 언어적 모욕, 신체적 위협, 성적 강요로 이어지는 경우가 많다. 셋째, 교제폭력은 종종 사랑이라는 이름으로 정당화되며 피해자와 주변인의 인식을 흐리는 특성을 가진다. 가해자는 "사랑해서 그랬다", "질투는 애정의 표현"이라는 식의 언어로 자신의 폭력 행위를 미화하거나 합리화하고, 피해자는 이러한 말에 설득되거나 죄책감을 느껴 스스로를 탓하게 된다.

[표 4-1] 교제폭력의 유형

| 유형 | 설명 및 사례 |
|---|---|
| 통제적 폭력 | • 휴대폰을 검사하거나 복장을 간섭하고, 친구나 가족과의 만남을 제한하는 방식으로 발생<br>• 네가 그렇게 입으면 불안하다', '왜 연락이 늦어?' |
| 언어적 · 정서적 폭력 | • 욕설, 비난, 외모 비하, 협박 등으로 상대를 불안정하게 만들고 죄책감을 유발<br>• '헤어지면 죽을 거야', '너 아니면 안 돼' 등의 가스라이팅 포함 |
| 경제적 폭력 | • 데이트 비용을 빌미로 금전적 종속을 유도하거나, 피해자가 경제적으로 독립하지 못하게 조치하는 방식 |
| 신체적 폭력 | • 밀치기, 뺨 때리기, 목 조르기, 흉기 위협 등 신체에 직접적인 피해를 가하는 유형<br>• 피해자는 반복적인 물리적 위협에 노출 |
| 성적 폭력 | • 연인이라는 관계를 빌미로 동의 없는 성적 접촉을 시도하거나, 언어적 성적 희롱과 수치심 유발<br>• '연인이면 당연한 거 아니야?' 식의 강요가 대표적 사례 |

## 3. 통계로 보는 교제폭력의 현실

여성가족부의 『2024 여성폭력 실태조사』에 따르면, 연인관계 혹은 헤어진 연인관계에서 발생하는 '교제폭력' 범죄자 수는 1만 2828명이었다. 2021년 1만 975명에서 1853명 늘었으며, 2017년(1만 1380명)과 비교해서는 1448명 늘었다. 교제폭력 범죄자 연령을 보면, 20대가 36.6%로 가장 많았다. 이어 30대(25.4%), 40대(18.3%), 50대(12.4%), 60대 이상(3.9%), 10대(3.3%) 순이었다. 이러한 통계 결과는 교제폭력이 우리들의 일상 속에 깊숙이 침투하고 있음을 보여준다. 즉, 교제폭력은 단순히 몇몇 사건에 국한된 문제가 아니라, 일상에서 구조적으로 반복되고 있는 젠더기반 폭력(gender-based violence)임을 시사한다.

교제폭력의 은폐성은 피해자 성별과 관계없이 발생하며, 최근 연구는 남성 역시 피해자가 될 수 있음을 보여주고 있다. An 외(2024)는 한국의 20대 성인 남녀 600명을 대상으로 한 연구에서, 전체 응답자의 약 30%가 생애 동안 친밀한 관계에서 신체적, 정서적, 또는 성적 폭력을 경험했다고 보고하였으며, 최근 12개월 이내에도 약 20%가 해당 폭력을 경험한 것으로 나타났다. 특히 주목할 점은 피해자와 가해자가 모두 남성과 여성에게 분포되어 있었다는 점이며, 이는 교제폭력이 특정 성별의 전유물이 아니라는 사실을 보여준다. 연구에 따르면 남성 응답자 중 상당수도 피해 경험을 보고하였고, 양성 간의 피해율 차이는 통계적으로 유의하지 않은 수준이었다. 이러한 결과는 교제폭력 예방과 지원 체계가 모든 성별을 포함해야 함을 시사한다.

## 4. 교제폭력을 둘러싼 사회문화적 요인

교제폭력이 잘 드러나지 않는 이유는 문화적 요인과 사회적 태도에도 있다. 한국 사회는 여전히 '사랑에는 어느 정도의 질투와 간섭이 있다'는 낭만화된 서사를 반복적으로 재생산하고 있다. 드라마나 영화에서 '질투 = 사랑', '집착 = 운명'이라는 묘사는 통제적 폭력을 정상화하는 데 일조하고 있으며, 이러한 사회적 분위기 속에서 피해자는 교제폭력을 폭력으로 인식하지 못하거나 이를 알리는 것에 두려움을 느낀다. 여기에 더해 우리 사회의 미온적 대응, 주변인의 무관심, 피해자에 대한 비난은 교제폭력을 더욱 은폐시키는 구조를 만든다.

결론적으로, 교제폭력은 '사랑'이라는 이름 아래 발생하는 일상화된 젠더기반 폭력이다. 이는 단순히 개인 간의 문제가 아닌, 사회문화적 구조 속에서 재생산되는 현상으로 보아야 한다. 성인지 리더십을 갖춘 리더는 이러한 폭력을 인식하고, 예방하며, 피해자를 보호하고 지지하는 역할을 수행할 수 있어야 한다. 교제폭력에 대한 이해는 곧 건강한 연애와 안전한 공동체 형성을 위한 출발점임을 기억할 필요가 있다.

## 5. 스토킹, 사랑이 아닌 범죄

스토킹은 종종 '호감 표현'이나 '관심의 표시'로 오해받지만, 실제로는 상대의 의사에 반해 반복적으로 접촉하고 괴롭히는 범죄 행위이다. 2021년 제정된 『스토킹범죄의 처벌 등에 관한 법률(스토킹처벌법)』은 스토킹을 '상대방의 의사에 반하여 정당한 이유 없이 불안감 또는 공포심을 일으키는 행위'로 정의하며, 반복적 접근 · 감시 · 위협 등을 명시한다. 이는 단순한 감정 문제가 아닌, 개인의 자유와 안전을 침해하는 젠더기반 폭력으로 이해되어야 한다.

특히 교제 관계나 이별 후 발생하는 스토킹은 내밀하고 은폐된 양상을 보인다. 잦은 연락, 위치추적, 동선을 감시하는 행위는 폭력이자 통제이며, 피해자는 심리적 불안과 사회적 고립을 경험하게 된다. 이처럼 스토킹은 교제폭력의 하나의 확장된 형태라고 볼 수 있으며, IPV의 맥락에서 이해할 필요가 있다.

[그림 4-2] 스토킹은 중대한 범죄입니다.

경찰청에 따르면, 스토킹 관련 신고 건수는 2020년 4,515건 → 2021년 14,509건 → 2022년 29,565건 → 2023년 31,824건으로 3년 만에 약 7배 증가한 수준이다. 또한, 2024년 3월 국가인권위원회가 발표한 실태조사에 따르면, 스토킹 피해의 약 61.6%가 '과거 연인 또는 배우자'에 의해 발생하여 교제 관계에서의 폭력성과 관련이 깊다(장다혜 등, 2024). 사이버상 스토킹, 디지털 통제, 온라인 괴롭힘 등을 포함하면 피해 규모는 더욱 크며, 2024년 여성가족부 '1336 핫라인'에는 스토킹 관련 상담 전화가 14,553건 접수, 이는 2022년의 6,766건 대비 2.2배 증가한 수치이다(한국여성인권진흥원, 2025).

스토킹은 더이상 사적인 감정의 영역이나 사소한 다툼으로 축소될 수 없다. 특히 친밀한 관계 내에서 발생하는 스토킹은 그 자체로 지속적인 통제와 감시의 폭력 행위이며, 피해자의 일상과 정신건강에 중대한 악영향을 미친다. 연구에 따르면, 반복적인 스토킹 피해자는 불안장애, 외상 후 스트레스 장애, 우울증 등의 정신건강 문제를 겪을 가능성이 높다(Spitzberg & Cupach, 2014).

## 6. 젠더통합 리더십으로 바라본 교제폭력과 스토킹 범죄

교제폭력과 스토킹은 더이상 일부 개인의 일탈이나 감정 문제로 치부할 수 없다. 이는 명백히 반복되고 구조화된 젠더기반 폭력이며, 가해자가 '사랑', '관심', '질투'라는 언어로 포장하더라도, 그 본질은 상대방의 인권과 자율성을 침해하는 폭력 행위이다. 특히 친밀한 관계 내에서의 폭력은 쉽게 외부에 드러나지 않으며, 피해자는 사회적 고립, 죄책감, 자기비난 등의 2차 피해에 노출되기 쉽다. 교제폭력에서 스토킹으로, 스토킹에서 더 심각한 신체적 범죄로 이어지는 경우가 적지 않으며, 이는 단절되지 않는 폭력의 연쇄고리로 작동한다.

이러한 현실에서 젠더통합 리더십은 단순한 성평등의 가치 확산을 넘어서, 폭력의 구조를 인식하고 예방하며 공동체를 변화시키는 실천적 리더십으로 기능해야 한다. 젠더통합 리더십은 성별 간 차이를 포용하면서도 권력의 불균형을 직시하고, 침묵을 강요하는 문화를 전환하는 데 주도적인 역할을 수행하는 것을 의미한다.

즉, 젠더통합 리더십은 피해자 중심적 접근과 공동체적 책임을 함께 견인하는 리더십이다. 군대, 학교, 직장, 지역사회 등 모든 공간에서 이러한 리더십이 작동할 때, 교제폭력과 스토킹은 더이상 사적인 문제나 무시해도 될 일이 아니라, 공동체가 함께 예방하고 해결해야 할 구조적 과제로 다루어질 수 있다.

건강한 연애는 자유로운 선택과 상호 존중 위에 형성된다. 누군가의 일방적 감정이 아니라, 상대방의 의사와 권리를 존중하는 태도 위에서만 진정한 관계는 지속될 수 있다. 그리고 이러한 관계 맺기의 문화를 만들어 가는 역할을, 바로 젠더통합 리더십을 실천하는 우리 모두가 함께 감당해 나가야 할 시대적 과제로 받아들여야 할 것이다.

**활동해보기 1**

교제폭력 피해 진단 체크리스트(여성가족부, 2025)

이 체크리스트는 자신이 교제폭력에 노출되어 있는지를 확인하는 자가진단도구입니다. 평소 경험했던 사실이나 느낌을 솔직하게 작성하고, 진단결과에 따라 상담 등을 통해 필요한 도움을 받으시기 바랍니다.

| 교제폭력 피해 진단 체크리스트 | | | | 그렇다 |
|---|---|---|---|---|
| 관계유형 | | | 과거 애정에 기반한 관계를 형성하려고 했거나, 현재 형성하려고 하는 관계이다. | |
| | | | 과거 연인이었거나, 현재 연인관계를 유지하고 있다. | |
| 1 | 행위유형 | 성적 폭력 | 성적 · 신체적 사진 · 동영상(합성 포함)을 유포하고 협박한다. [★★] | |
| 2 | | | 원치 않는 성적 접촉을 하거나, 성관계를 요구한다. [★★] | |
| 3 | | | 나의 외모 · 신체에 대한 성적인 평가를 하거나, 원치 않는 성적인 대화를 강요한다. | |
| 4 | | 신체적 폭력 | 위험한 물건이나 흉기로 겁을 주거나, 때려서 상처를 입힌 적이 있다. [★★] | |
| 5 | | | 때리거나, 물건을 던져 위협한 적이 있다. [★★] | |
| 6 | | 경제적 폭력 | 내 자산이나 소득을 마음대로 사용하거나, 빚을 지게 하는 등 경제적으로 어렵게 한다. [★] | |
| 7 | | | 직장 등 경제활동을 못하게 하거나, 내 자산(소득) 사용을 자주 간섭하고 통제한다. | |
| 8 | | 정서적 폭력 | 자주 화를 내거나, 무시 · 폭언, 욕설 등을 빈번하게 한다. [★] | |
| 9 | | | 사생활 폭로, 자해 · 자살 시도, 주변(가족 · 지인 · 반려동물 등)을 해치거나 괴롭히겠다는 등 다양한 이유를 들어 겁을 준다. | |
| 10 | | 강압적 통제 | 나의 복장이나 외모, 다른 사람과의 교류, 만남, 연락 등 일상생활에 지나치게 간섭한다. [★] | |
| 11 | | | 휴대전화나 SNS의 비밀번호를 알려고 하거나, 위치 · 동선을 자주 확인한다. [★] | |
| 12 | | | 외출을 막거나, 어디에 가두려고 한 적이 있다. | |
| 13 | | 스토킹 | 나와 가족(주변인 등)에게 원치 않는 연락을 하거나, 찾아오는 등 접근을 한다. [★★] | |

| 진단결과 | ① 행위 유형에서 [★]에 "그렇다"라고 하나라도 응답한 경우 상담기관(1366 등)을 통한 상담이 필요한 것으로 판단됩니다.<br>② 행위 유형에서 [★★]에 "그렇다"라고 하나라도 응답한 경우 경찰(112)의 도움이 필요한 것으로 판단됩니다.<br>③ [★] 또는 [★★]에 해당하지 않는 행위 유형이더라도 계속 · 반복적으로 발생하는 상황이면 상담기관(1366 등)을 통한 상담이 필요한 것으로 판단됩니다.<br>④ 진단결과는 참고사항이며 진단결과에 관계없이 누구라도 1366 등을 통한 상담이 가능합니다. |
|---|---|

※ [행위 유형]의 문항은 전문가 의견 수렴 및 해외 사례를 참고하여 정한 것으로 모두 교제폭력에 해당할 수 있습니다.

※ [13번] 스토킹 행위에 "그렇다"라고 한 경우 한국여성인권진흥원 홈페이지에 게시된 추가적인 [스토킹 피해 진단 체크리스트]를 해보시기 바랍니다.

## 활동해보기 2

### 급증하는 '거절 살인'… 교제 폭력, 왜 죽어야만 끝날까

"감히 이별을 요구했다. 그래서 죽였다."

최근 여러 사건에서 드러나는 교제폭력은 단순한 다툼을 넘어, 상대를 통제하고 거절당하면 극단적인 폭력으로 이어지는 양상을 보인다. 가해자는 인간관계 차단, 휴대전화 통제, 불법촬영물 협박, 감시 등 다양한 방식으로 연인을 자신의 영향력 아래 묶어두며, 이러한 통제는 주변인까지 위협하는 단계로 확장되어 피해자가 스스로 관계를 끊는 것을 사실상 불가능하게 만든다.

문제를 인지한 피해자가 신고하더라도 우리 법 체계에서는 교제폭력을 독립적인 범죄로 다루지 않아 실질적인 보호가 어렵다. 폭행·협박이 반의사불벌죄로 처리되면서 가해자가 처벌을 피하거나, 오히려 처벌 이후 보복이 강화되는 사례도 있다. 이 때문에 피해자는 "신고해도 바뀌지 않는다"는 무력감을 느끼고, 가해자는 폭력 수위를 높이면서 위험이 반복된다. 주변인이 "왜 헤어지지 않느냐" "바로 신고하라"라고 성급하게 말하면 피해자는 더욱 고립감을 느끼기 쉽다. 전문가들은 피해자가 이미 여러 차례 좌절을 경험하며 자신을 탓하는 경향이 있다고 설명하며, 피해자에게 잘못이 없다는 사실을 확인해 주고 안전한 지지를 제공하는 접근이 필요하다고 강조한다.

전문가들은 교제폭력을 개인 간 갈등으로만 보지 않고, 불평등한 젠더 권력 구조 속에서 발생하는 폭력으로 이해해야 한다고 지적한다. 현재 우리나라에는 연인 간 폭력을 다루는 별도의 법이 없어 제도적 공백이 존재하며, 교제 관계를 어떻게 정의할지 모호하다는 이유로 관련 법안도 처리되지 못하고 있다. 반면 영국·스코틀랜드 등 일부 국가는 신체적 폭력이 없더라도 '통제 행위' 자체를 범죄로 규정해 처벌하고 있다.

출처 : 한국일보 | https://www.hankookilbo.com/News/Read/A2024110415210001021?did=NA

## 활동해보기 2

1.최근에 발생하고 있는 교제폭력의 유형에 대해서 작성해 보자.

2. 교제폭력과 스토킹 범죄가 발생하는 이유에 대해서 작성해 보자.

3.교제폭력 피해자가 계속해서 가해자와의 만남을 지속하거나 가해자를 용서하는 이유가 무엇일까? 또한, 가해자를 쉽게 신고하지 못하는 이유가 무엇일까?

4. 거절당한 분노가 폭력으로 이어지는 이유는 무엇일까?

## 참고문헌

[ 국내문헌 ]

윤정숙, 이승현, 한민경, & 김지연. (2023). 스토킹 범죄의 특성 및 대응 강화 방안. 형사정책연구원 연구총서, 1-473.

여성가족부(2024). 『2024 여성폭력 실태조사』.

여성가족부(2025). 교제폭력 피해 진단 체크리스트.

한국여성인권진흥원(2025). 1366 운영실적.

장다혜, 윤정숙, 김지연, 김정현, 윤상연, 이성민, & 장응혁. (2024). 스토킹 범죄의 특성 및 대응 강화 방안 (II). 형사정책연구원 연구총서, 1-632.

[ 국외문헌 ]

An, J., Kim, J., & Lee, H. (2024). Exploring risk and protective factors of intimate partner violence in Kor ean young adults. PLOS ONE, 19(5), e0314352.

Centers for Disease Control and Prevention. (2024). About intimate partner violence. U.S. Department of Health & Human Services. https://www.cdc.gov/intimate-partner-violence/about/index.html.

Physician's Weekly(2025). Intimate Partner Violence Injury Patterns Differ Between Men, Women.

Spitzberg, B. H., & Cupach, W. R. (2014). The dark side of relationship pursuit: From attraction to obsession and stalking. Routledge.

World Health Organization. (2021). Violence against women prevalence estimates, 2018: global, regional and national prevalence estimates for intimate partner violence against women and global and regional prevalence estimates for non-partner sexual violence against women. World Health Organization.

[ 온라인 ]

한국일보(2024.11.10). "급증하는 '거절 살인'... 교제 폭력, 왜 죽어야만 끝날까 "감히 이별을 요구했다. 그래서 죽였다." (교제폭력 가해자들의 범행 동기)". https://www.hankookilbo.com/News/Read/A2024110415210001021?did=NA

5장

# 성폭력의 이해와 대응 방안

## 1. 성폭력이란?

### 가. 성폭력의 정의

성폭력은 개인의 신체적, 정신적, 성적, 경제적 통합성을 침해하는 폭력을 말한다. 이는 강간, 강제추행, 언어적 성희롱, 음란성 메시지 및 몰래카메라 등 상대방의 의사에 반해서 가해지는 모든 신체적·정신적 폭력을 포함한다.

### 나. 성폭력의 범위

성폭력의 범위는 법령에 따라 정의하는 바가 조금씩 다르다. 형법에서는 강간, 유사강간, 강제추행, 준강간 및 준강제추행, 미성년자 간음, 업무상 위력 등에 의한 간음 등을 성폭력으로 규정하고 있다. '국가인권위원회법', '남녀고용평등과 일·가정 양립지원에 관한 법률', '양성평등기본법' 등에서는 성희롱에 대해 다음과 같이 정의하고 있다.

- 강간: 폭행 또는 협박으로 사람을 강간한 죄
- 유사강간: 폭행 또는 협박으로 사람에 대하여 구강, 항문 등 신체(성기는 제외함) 내부에 성기를 넣거나 성기, 항문에 손가락 등 신체(성기는 제외함) 일부 또는 도구를 넣는 행위
- 강제추행: 폭행 또는 협박으로 사람에 대하여 추행하는 행위
- 준강간 및 준강제추행: 사람의 심신상실 또는 항거불능의 상태를 이용하여 간음 또는 추행하는 행위
- 미성년자 간음: 미성년자 또는 심신미약자에 대하여 위계 또는 위력으로써 간음 또는 추행하는 행위
- 업무상 위력 등에 의한 간음: 업무, 고용, 그 밖의 관계로 인하여 자기의 보호 또는 감독을 받는 사람에 대하여 위계 또는 위력으로써 간음하는 행위
- 성희롱: 업무, 고용, 그 밖의 관계에서 국가기관·지방자치단체 또는 각급 학교 및 공직 유관 단체의 종사자, 사용자 또는 근로자가 다음의 어느 하나에 해당하는 행위를 하는 경우
  1. 지위를 이용하거나 업무 등과 관련하여 성적 언동 등으로 상대방에게 성적 굴욕감이나 혐오감을 느끼게 하는 행위
  2. 상대방이 성적 언동 또는 성적 요구에 따르지 않는다는 이유로 불이익을 주거나 그에 따르는 것을 조건으로 이익 공여의 의사표시를 하는 행위

최근에는 기술이 발전함에 따라 디지털 성폭력이 늘어나고 있다. 이는 카메라 등 디지털 기기를 이용해 상대방의 동의 없이 신체 일부나 성적인 장면을 불법 촬영하거나, 불법촬영물 등을 유포·유포 협박·저장·전시 또는 유통·소비하는 행위 및 사이버 공간에서 타인의 성적 자율권과 인격권을 침해하는 행위를 말한다. '성폭력 범죄의 처벌 등에 관한 특례법', '아동·청소년의 성보호에 관한 법률' 등에서는 디지털 성폭력을 성범죄로 규정하고 있다.

[표 5-1] 디지털 성범죄의 유형

| 유형 | 설명 |
| --- | --- |
| 불법촬영 | • 신체의 일부(치마 속, 뒷모습, 전신, 얼굴, 나체 등)나 특정 행위(용변 보는 행위, 성행위 등)를 촬영 |
| 유포·재유포 | • 동의하에 촬영한 성적인 촬영물, 동의 없이 촬영한 성적인 촬영물을 단체대화방, SNS, 성인사이트, 커뮤니티 등에 동의 없이 유포 |
| 유포 협박 | • 성적 촬영물을 유포하겠다는 협박 |
| 허위영상물 제작 및 유포·재유포 | • 음란물에 유명인이나 일반인의 얼굴을 합성·편집<br>• 피해자의 일상적 사진을 성적인 사진과 합성 후 유포 |
| 소지·구입·저장·시청 | • 불법촬영·유포물을 다운로드하거나 시청함 |
| 유통·소비 | • 성인 사이트 등 플랫폼 사업자 및 이용자, 피해를 확산시키는 재유포자<br>• 영리 목적으로 불법촬영물의 유포 방조·협력 및 공유 등의 방식으로 소비 |
| 아동·청소년 대상 성착취·그루밍 | • 미성년 피해자가 스스로 촬영하여 전송해 준 촬영물 유포를 협박의 수단으로 삼아 좀 더 높은 수위의 촬영물을 요구<br>• 취약한 상황에 처한 피해자에게 접근해 성적 대화를 반복하거나 친밀감을 쌓은 뒤 성적 행위를 하도록 유인 |
| 성적 괴롭힘 | • 사이버 공간 내에서 성적 내용을 포함한 명예훼손 또는 모욕<br>• 원치 않는 성적 이미지나 영상(링크) 제공<br>• SNS, 단톡방 등에서 성희롱(성적인 내용의 글을 담아 피해자의 일상 사진을 게시) |

출처 : 찾기 쉬운 생활법령정보, 「디지털 성범죄의 범위」(법제처, 2025).

## 활동해보기 1

"전 남친 결국 이혼"...아내인 척 얻은 성관계 사진 유포한 30대

헤어진 연인의 배우자를 사칭해 사생활 사진을 받아 유포한 여성이 실형을 선고받았다. 피고인은 피해자가 과거 사용하던 휴대전화 번호를 이용해 계정을 만들어 자신이 그 사람인 것처럼 행동하며 지인을 속였고, 이 과정에서 피해자의 신체가 드러난 사진을 입수해 헤어진 연인에게 전달했다.

피고인은 "촬영물을 받은 사람은 처벌 대상이 아니다"라고 주장했으나, 법원은 타인을 속여 촬영물을 취득한 행위가 간접정범에 해당한다고 보아 처벌이 가능하다고 판결했다. 재판 결과 피고인은 성폭력범죄의 처벌 등에 관한 특례법 위반(카메라 등 이용 촬영·반포 등) 혐의로 징역 1년, 성폭력 치료프로그램 40시간 이수, 5년간 아동·청소년 관련기관 및 장애인복지시설 취업 제한 명령을 받았다.

출처 : 이데일리 | https://n.news.naver.com/mnews/article/018/0006109927?sid=102

[표 5-2] 성폭력 피해 경험(평생) (단위: %, 명)

| 구분 | PC, 휴대 전화 등 통신 매체를 이용한 피해 | 불법 촬영 피해 | 촬영물이나 허위 영상물 등의 유포 피해 | 성기 노출 피해 | 성추행 피해 | 강간 (미수 포함) 피해 | (응답 인원) |
|---|---|---|---|---|---|---|---|
| **전체** | 9.8 | 0.3 | 0.3 | 9.8 | 3.9 | 0.2 | (10,020) |
| **성별** | | | | | | | |
| 여성 | 9.2 | 0.4 | 0.3 | 16.6 | 7.0 | 0.4 | (7,505) |
| 남성 | 10.3 | 0.2 | 0.3 | 2.4 | 0.9 | 0.0 | (2,515) |
| **연령** | | | | | | | |
| 19세~35세 미만 | 12.9 | 0.4 | 0.3 | 5.5 | 3.9 | 0.1 | (2,833) |
| 35세~50세 미만 | 10.0 | 0.3 | 0.3 | 9.9 | 3.8 | 0.1 | (3,145) |
| 50세~65세 미만 | 7.0 | 0.2 | 0.3 | 11.9 | 4.0 | 0.3 | (4,042) |
| **여성 * 연령** | | | | | | | |
| 19세~35세 미만 | 13.3 | 0.8 | 0.4 | 9.7 | 7.0 | 0.2 | (2,057) |
| 35세~50세 미만 | 9.0 | 0.3 | 0.2 | 17.6 | 6.8 | 0.2 | (2,385) |
| 50세~65세 미만 | 6.0 | 0.1 | 0.2 | 20.9 | 7.2 | 0.6 | (3,063) |
| **남성 * 연령** | | | | | | | |
| 19세~35세 미만 | 12.5 | - | 0.2 | 1.8 | 1.2 | 0.1 | (776) |
| 35세~50세 미만 | 11.0 | 0.3 | 0.3 | 1.7 | 0.6 | - | (760) |
| 50세~65세 미만 | 7.9 | 0.2 | 0.4 | 3.4 | 0.9 | - | (979) |

출처 : 2022년 성폭력 안전실태조사 연구(여성가족부, 2022)

### 다. 성폭력 및 성범죄 실태

성폭력 안전실태조사 연구(여성가족부, 2022)에 따르면, 평생 동안 경험한 성폭력 피해 유형은 PC·휴대전화 등 통신매체를 이용한 피해가 9.8%로 가장 많았고, 이어서 성기 노출 피해 9.3%, 성추행 피해 3.9%, 불법촬영 피해 0.3%, 촬영물이나 허위영상물 등의 유포 피해 0.3%, 강간(미수 포함) 피해 0.2% 순으로 나타났다.

성별로 살펴보면, 여성의 성폭력 피해 유형은 성기 노출 피해가 16.6%로 가장 높았고, 이어서 통신매체를 이용한 피해 9.2%, 성추행 피해 7.0%, 불법촬영 피해 0.4%, 강간 피해 0.4%, 촬영물 유포 피해 0.3%로 나타났다. 남성의 경우, 통신매체 피해율이 10.3%로 여성보다 높았으나, 성기노출 피해(2.4%), 성추행 피해(0.9%) 등 다른 유형에서는 여성보다 낮았다.

연령을 기준으로 살펴보면, 연령이 낮을수록 통신매체 피해율이 높은 것으로 나타났다(19~34세 12.9%, 35~49세 10.0%, 50~64세 7.0%). 불법촬영 피해도 같은 경향을 보였으나, 성기 노출 피해율은 오히려 연령이 높을수록 증가했다(19~34세 5.5%, 35~49세 9.9%, 50~64세 11.9%).

성별과 연령을 함께 살펴보면, 대부분 유형에서 여성의 피해율이 남성보다 높았다. 특히 성기 노출 피해율은 모든 연령대에서 여성의 피해율이 남성보다 높았는데, 19~34세 여성은 9.7%로 남성(1.8%)의 약 5배 수준이었다. 35~49세 여성은 17.6%, 남성은 1.7%, 50~64세 여성은 20.9%, 남성은 3.4%였다. 한편, 여성과 남성 모두 통신매체 피해율은 연령이 낮을수록 높은 것으로 나타났다.

#### 1) PC, 휴대전화 등 통신매체를 이용한 피해

평생 동안의 피해 경험 중 가장 높은 비율을 차지한 유형은 '불쾌감을 유발하는 성적인 사진·동영상·링크 등을 전송받은 경우'로 7.2%였다. 이는 남성(8.6%)이 여성(5.8%)보다 높았다. 이어서 '음담패설, 성적 농담, 성적 희롱을 당한 경우'가 3.1%였으며, 여성(4.2%)이 남성(2.1%)보다 피해 경험률이 높았다. 다음으로 '은어 사용 등의 성적 비하, 모욕, 성적 폭언 등의 공격'이 2.2%, '성적 대화를 유도하거나 성적 만남(성관계)을 제안받은 경우'가 1.7%, '단톡방 등에 나에 대한 성적 모욕·비하 글이 올라온 경우'가 1.0%로 나타났다. 그 외 '내 개인정보가 성적인 글·음향·사진 등과 조합되어 게시된 경우'(0.5%), '누군가가 나를 사칭해 다른 사람에게 성적 모욕·비하 발언을 전달한 경우'(0.6%), '나의 촬영물을 요구받은 경우'(0.6%)는 비교적 낮은 비율을 보였다.

지난 1년간 피해 경험의 경우, 가장 높은 피해 유형은 성적인 사진·동영상·링크 전송으로 4.3%(여성 3.3%, 남성 5.2%)였다. 그다음은 음담패설·성적 농담·희롱(1.7%), 성적 비하·폭언(1.2%), 성적 대화·만남 제안(0.8%) 순이었다. 다른 유형은 모두 0.4% 이하로 나타났다.

가해자 성별은 '잘 모름'과 '남성'이 반반으로 나타났다. 여성의 경우 '잘 모름' 40.1%, '남성' 50.7%였고, 남성의 경우에도 '잘 모름' 45.7%, '남성' 46.4%로 나타났다. 피해 경로(복수응답)는 '인스턴트 메신저(카카오톡, 라인, 텔레그램 등)' 59.5%, '문자 및 전화' 35.5%, '소셜네트워크서비스(트위터, 인스타그램, 텀블러, 페이스북, 카카오스토리 등)' 20.9%, '게임 사이트 및 게임 채팅' 13.3% 순으로 높았다.

[표 5-3] PC, 휴대전화 등 통신매체를 이용한 피해 경험 (단위: %, 명)

| 구분 | 지금까지 | | | 지난 1년간 (2021년 8월~2022년 7월) | | |
|---|---|---|---|---|---|---|
| | 전체 | 여성 | 남성 | 전체 | 여성 | 남성 |
| 불쾌감을 유발하는 성적인 사진이나 동영상, 링크 등을 전송받았다 | 7.2 | 5.8 | 8.6 | 4.3 | 3.3 | 5.2 |
| 음담 패설, 성적 농담, 성적 희롱을 당했다 | 3.1 | 4.2 | 2.1 | 1.7 | 2.2 | 1.2 |
| 은어 사용 등의 성적 비하, 모욕이나 성적 폭언 등의 공격을 받았다 | 2.2 | 2.5 | 1.9 | 1.2 | 1.3 | 1.1 |
| 성적 대화를 유도하거나 성적 만남(성관계)을 제안받았다 | 1.7 | 1.7 | 1.6 | 0.8 | 0.7 | 0.9 |
| 단톡방 등에 나에 대한 성적 모욕, 비하의 글이 올라왔다 | 1.0 | 1.1 | 0.9 | 0.4 | 0.4 | 0.4 |
| 내 개인정보가 성적인 글, 음향, 사진 등과 조합 되어 게시되었다 | 0.5 | 0.7 | 0.3 | 0.1 | 0.1 | 0.0 |
| 누군가가 나를 사칭하여 다른 사람에게 성적 모욕, 비하 등의 글과 말을 전하거나 게시했다 | 0.6 | 0.8 | 0.4 | 0.1 | 0.2 | 0.1 |
| 나의 촬영물을 요구받았다 | 0.6 | 0.7 | 0.5 | 0.1 | 0.1 | 0.1 |

출처 : 2022년 성폭력 안전실태조사 연구(여성가족부, 2022)

### 2) 불법촬영 피해

평생 동안의 피해 경험 중에서는 '나의 동의 없이 신체가 촬영된 적이 있다'가 0.2%로 가장 높았으며, 여성(0.3%)이 남성(0.1%)보다 높았다. 이어 '나에 대한 촬영물이 성적 이미지와 합성·편집된 적이 있다'와 '나의 신체 일부 혹은 전체, 성적 행위 등을 촬영하도록 강요받은 적이 있다'가 각각 0.1%로 나타났고, '나의 동의 없이 성관계 장면이 촬영된 적이 있다'는 여성(0.1%)에게서만 나타났다.

지난 1년간의 피해 경험의 경우, '나의 동의 없이 신체가 촬영된 적이 있다'가 0.1%로 가장 높았다(여성 0.2%, 남성 0.1%). 나머지 모든 유형은 0.0~0.1%로 나타났다.

가해자 성별은 '남성' 61.4%, '잘 모름' 31.6%로 나타났다. 발생 장소(복수응답)는 '가해자 혹은 다른 사람의 집' 25.0%, '버스, 기차, 지하철, 택시, 항공기, 선박 등 교통시설 내부' 19.8%, '술집, 나이트클럽 등 유흥업소나 그 주변' 15.2%, '백화점, 시장, 가게(상점) 등 상업건물이나 그 주변' 13.3%, '우리 집' 13.1%, '학교 및 그 주변' 12.2%, '호텔, 여관 등 숙박업소나 그 주변' 12.1%로 다양하게 나타났다.

가해자 유형(복수응답)은 '전혀 모르는 사람' 46%, '행위자가 누구였는지 확인하지 못함' 30.0%, '학교 선후배, 동급생, 교수, 학교선생, 학원 강사' 11.2%, '친구' 10.6%, '직장 상사, 동료, 거래처 사람' 8.2%, '애인' 6.9% 순으로 나타났다.

[표 5-4] 불법촬영 피해 경험 (단위: %, 명)

| 구분 | 지금까지 | | | 지난 1년간 (2021년 8월~2022년 7월) | | |
|---|---|---|---|---|---|---|
| | 전체 | 여성 | 남성 | 전체 | 여성 | 남성 |
| 나의 동의 없이 신체가 촬영된 적이 있다 | 0.2 | 0.3 | 0.1 | 0.1 | 0.2 | 0.1 |
| 나의 동의 없이 성관계 장면이 촬영된 적이 있다 | 0.0 | 0.1 | - | 0.0 | 0.0 | - |
| 나에 대한 촬영물이 성적 이미지와 합성, 편집 된 적이 있다 | 0.1 | 0.1 | 0.0 | 0.0 | 0.1 | - |
| 나의 신체 일부 혹은 전체, 성적 행위 등을 촬영하도록 강요받은 적이 있다 | 0.1 | 0.1 | 0.1 | 0.0 | 0.0 | 0.0 |

출처 : 2022년 성폭력 안전실태조사 연구(여성가족부, 2022)

### 3) 촬영물이나 허위영상물 등의 유포 피해

평생 동안의 피해 경험에서 모든 유형의 비율은 0.1%로 나타났다. 구체적으로 '나의 동의 없이 촬영되어 유포된 적이 있다', '촬영에 동의했으나 해당 촬영물이 동의 없이 유포된 적이 있다', '나에 대한 촬영물에 성적 이미지가 결합되어 유포된 적이 있다', '촬영물을 유포하겠다고 협박받은 적이 있다', '합성·편집된 허위영상물을 유포하겠다고 협박받은 적이 있다', '성관계를 요구받으며 유포 협박을 당한 적이 있다' 모두 동일한 비율을 보였다.

‘촬영에 동의했으나 해당 촬영물이 동의 없이 유포된 적이 있다’ 항목에서 남성(0.2%)이 여성(0.1%)보다 높은 비율을 보였고, ‘성적 이미지나 영상을 추가로 요구받으며 유포 협박을 당한 적이 있다’는 남성만 0.1%로 나타났다.

가해자 성별은 '잘 모름' 51.7%, '남성' 39.8%, '여성' 8.6%로 나타났다. 가해자 유형(복수응답)은 ‘전혀 모르는 사람’ 37.3%, ‘행위자가 누구였는지 확인하지 못함’ 25.2%, ‘친구’ 16.5%, ‘온라인에서 만난 사람’ 14.2%, ‘직장 상사, 동료, 거래처 사람’ 12.3%, ‘학교 선후배, 동급생, 교수, 학교선생, 학원 강사’ 4.0%, ‘전 애인’ 3.1%, ‘애인’ 2.7%로 나타났다.

유포 매체(복수응답)는 ‘인스턴트 메신저(카카오톡, 라인, 텔레그램 등)’ 46.1%, ‘블로그’ 42.4%, ‘잘 모름’ 25.2%, ‘소셜네트워크서비스(트위터, 인스타그램, 텀블러, 페이스북, 카카오스토리 등)’ 19.9%, ‘웹하드 사이트’ 7.8%로 나타났다.

[표 5-5] 촬영물이나 허위영상물 등의 유포 피해 경험 (단위: %, 명)

| 구분 | 지금까지 | | |
|---|---|---|---|
| | 전체 | 여성 | 남성 |
| 나의 동의 없이 촬영되어 유포된 적이 있다 | 0.1 | 0.1 | 0.1 |
| 촬영에 동의했던 촬영물이 동의 없이 유포된 적이 있다 | 0.1 | 0.1 | 0.2 |
| 나에 대한 촬영물에 성적 이미지가 결합되어 유포된 적이 있다 | 0.1 | 0.1 | 0.1 |
| 촬영물을 유포하겠다고 협박받은 적이 있다 | 0.1 | 0.1 | 0.1 |
| 합성이나 편집된 허위영상물을 유포하겠다고 협박받은 적이 있다 | 0.1 | 0.1 | 0.0 |
| 유포하겠다고 협박하며 성적 이미지나 영상을 추가로 요구받은 적이 있다 | 0.0 | 0.0 | 0.1 |
| 유포하겠다고 협박하며 성관계를 요구받은 적이 있다 | 0.1 | 0.1 | 0.1 |

출처 : 2022년 성폭력 안전실태조사 연구(여성가족부, 2022)

#### 4) 성기노출 피해

평생 동안 ‘성기노출 등 성적 모욕감을 불러일으키는 노출을 목격한 적이 있다’고 응답한 사람은 9.3%였고, 여성(16.6%)이 남성(2.4%)보다 높았다. 첫 피해 연령은 ‘19세 미만’ 59.1%, ‘19세~35세 미만’ 21.0%, ‘35세~50세 미만’ 2.4%, ‘50세 이상’ 1.1% 순으로 나타났다. 발생 장소(복수응답)는 ‘학교 및 그 주변’ 50.6%, ‘아파트, 다세대, 연립주택 등 주택가나 그 주변’ 32.9%, ‘유원지, 공원, 등산로, 공터, 외부 체육시설 등이나 그 주변' 17.2% 등으로 다중이용시설이 많았다.

[표 5-6] 성기노출 피해 경험

(단위: %, 명)

| 구분 | 지금까지 | | | 지난 1년간 (2021년 8월~2022년 7월) | | |
|---|---|---|---|---|---|---|
| | 전체 | 여성 | 남성 | 전체 | 여성 | 남성 |
| 성기노출 등 성적 모욕감을 불러일으키는 노출을 목격한 적이 있다. | 9.3 | 16.6 | 2.4 | 0.1 | 0.2 | - |

출처 : 2022년 성폭력 안전실태조사 연구(여성가족부, 2022)

### 5) 성추행 피해

평생 동안 '성추행 피해를 경험한 적이 있다'고 응답한 사람은 3.9%였고, 여성(7.0%)이 남성(0.9%)보다 높았다. 지난 1년간의 피해 경험은 0.2%였으며, 마찬가지로 여성(0.3%)이 남성(0.1%)보다 높았다.

가해자 유형(복수응답)은 '전혀 모르는 사람' 56.8%, '직장 상사, 동료, 거래처 사람' 21.0%, '학교 선후배, 동급생, 교수, 학교선생, 학원 강사' 13.8%, '행위자가 누구였는지 확인하지 못함' 9.5%, '전 애인' 4.9%, '가족(배우자 제외), 친인척' 4.2%, '친구' 3.8%로 나타났다. 발생 장소(복수응답)는 '버스, 기차, 지하철, 택시, 항공기, 선박 등 교통시설 내부' 41.7%, '술집, 나이트클럽 등 유흥업소나 그 주변' 20.5%, '직장(사무실, 회의실 등) 및 직장 주변' 16.5%, '학교 및 그 주변' 10.5%, '아파트, 다세대, 연립주택 등 주택가나 그 주변' 10.4% 순으로 높았다.

[표 5-7] 성추행 피해 경험

(단위: %, 명)

| 구분 | 지금까지 | | | 지난 1년간 (2021년 8월~2022년 7월) | | |
|---|---|---|---|---|---|---|
| | 전체 | 여성 | 남성 | 전체 | 여성 | 남성 |
| 성추행 피해를 경험한 적이 있다 | 3.9 | 7.0 | 0.9 | 0.2 | 0.3 | 0.1 |

출처 : 2022년 성폭력 안전실태조사 연구(여성가족부, 2022)6) 강간(미수 포함) 피해

### 6) 강간(미수 포함) 피해

평생 동안 '강간(미수 포함) 피해를 경험한 적이 있다'고 응답한 사람은 0.2%였다. 구체적으로 여성은 0.4%가 피해 경험을 보고한 반면, 남성은 피해 경험을 보고한 사람이 없었다.

첫 피해 연령은 '19세 미만' 32.3%, '19세~35세 미만' 35.0%, '35세~50세 미만' 5.7%순으로 어린 연령에서 피해 경험이 많았다. 가해자 유형(복수응답)은 '학교 선후배, 동급생, 교수, 학교선생, 학원 강사' 19.3%, '친구' 18.8%, '전혀 모르는 사람' 16.1%, '소개팅, 맞선 등으로 만난 사람' 11.6%, '직장 상사, 동료, 거래처 사람' 11.5%, '행위자가 누구였는지 확인하지 못함' 8.9%, '애인' 8.4%, '전 애인' 8.2% 순으로 나타났다. 발생 장소(복수응답)는 '가해자 혹은 다른 사람의 집' 33.4%, '술집, 나이트클럽 등 유흥업소나 그 주변' 21.3%, '호텔, 여관 등 숙박업소나 그 주변' 19.8%, '우리 집' 17.3%, '아파트, 다세대, 연립주택 등 주택가나 그 주변' 14.7% 순으로 높았다.

[표 5-8] 강간(미수 포함) 피해 경험

(단위: %, 명)

| 구분 | 지금까지 | | | 지난 1년간 (2021년 8월~2022년 7월) | | |
|---|---|---|---|---|---|---|
| | 전체 | 여성 | 남성 | 전체 | 여성 | 남성 |
| 강간(미수 포함) 피해를 경험한 적이 있다 | 0.2 | 0.4 | 0.0 | 0.0 | 0.0 | - |

출처 : 2022년 성폭력 안전실태조사 연구(여성가족부, 2022)

## 활동해보기 2

2024 디지털성범죄 피해자 지원 보고서

[그림 5-1] 성별 및 연령대별 디지털성범죄 피해자 현황(2024년)

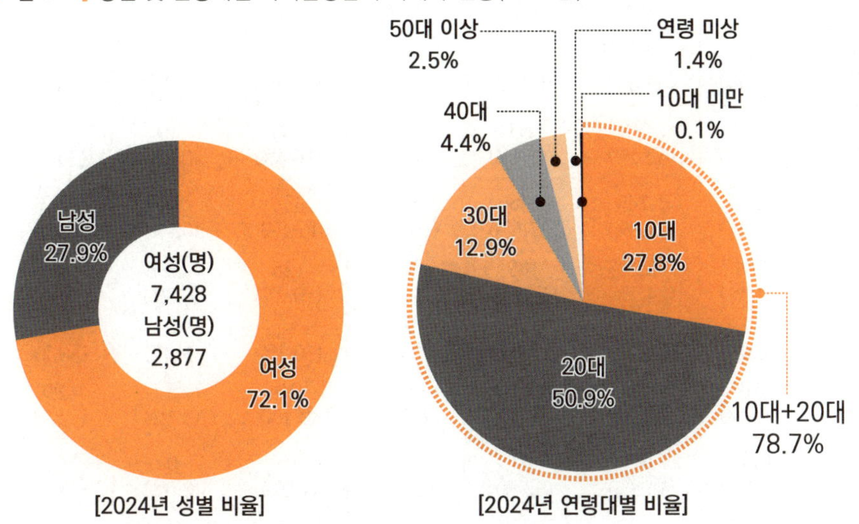


[그림 5-2] 디지털성범죄 피해 유형

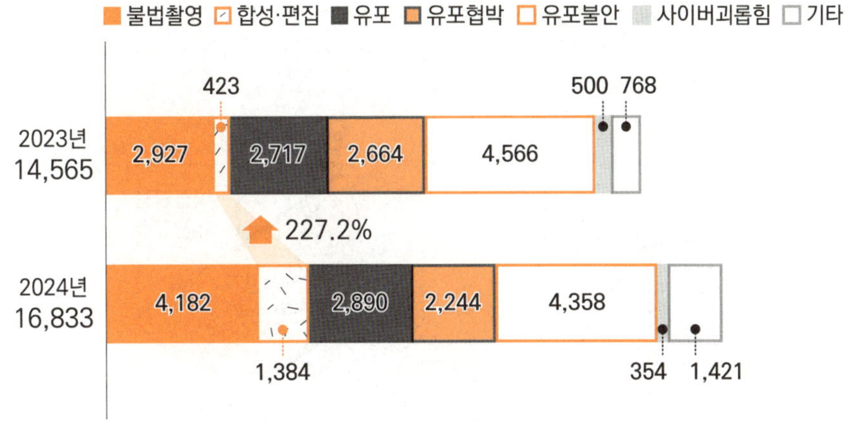


5 • 성폭력의 이해와 대응 방안

## 활동해보기 2

[표 5-9] 연령대별 디지털 성범죄 피해자-가해자 관계

| 연령 | 계 | 일시적 관계 | 모르는 사람 | 친밀한 관계 | 사회적 관계 | 가족 관계 | 관계 미상* |
|---|---|---|---|---|---|---|---|
| 10대 미만 | 11 (100.0%) | 7 (63.6%) | 0 (0.0%) | 0 (0.0%) | 2 (18.2%) | 0 (0.0%) | 2 (18.2%) |
| 10대 | 2,863 (100.0%) | 1,204 (42.1%) | 491 (17.1%) | 96 (3.3%) | 480 (16.8%) | 6 (0.2%) | 586 (20.5%) |
| 20대 | 5,242 (100.0%) | 1,143 (21.8%) | 1,966 (37.5%) | 553 (10.6%) | 338 (6.4%) | 5 (0.1%) | 1,237 (23.6%) |
| 30대 | 1,331 (100.0%) | 329 (24.7%) | 189 (14.2%) | 241 (18.1%) | 135 (10.2%) | 4 (0.3%) | 433 (32.5%) |
| 40대 | 454 (100.0%) | 131 (28.9%) | 49 (10.8%) | 91 (20.0%) | 46 (10.1%) | 0 (0.0%) | 137 (30.2%) |
| 50대 이상 | 261 (100.0%) | 96 (36.8%) | 25 (9.6%) | 17 (6.5%) | 21 (8.1%) | 3 (1.1%) | 99 (37.9%) |
| 연령 미상 | 143 (100.0%) | 67 (46.8%) | 7 (4.9%) | 4 (2.8%) | 10 (7.0%) | 0 (0.0%) | 55 (38.5%) |
| 합계 | 10,305 (100.0%) | 2,977 (28.9%) | 2,727 (26.5%) | 1,002 (9.7%) | 1,032 (10.0%) | 18 (0.2%) | 2,549 (24.7%) |

*가해자를 특정할 수 없는 경우

1순위 2순위

출처: 2024 디지털성범죄 피해자 지원 보고서(한국여성인권진흥원, 2025)

[그림 5-3] 디지털성범죄 피해 인지 경로

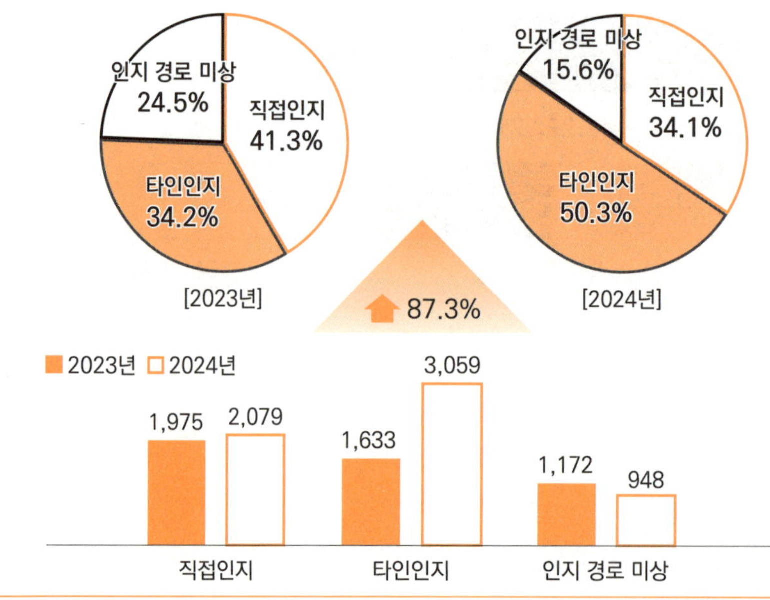

## 활동해보기 2

1. 언어적·물리적 성폭행에 비해 디지털 성폭행에서 남성 피해자가 많은 이유는 무엇일까?

2. 합성 또는 편집에 의한 디지털성범죄가 급증한 이유가 무엇일까?

3. 피해자-가해자 관계가 시사하는 바가 무엇일까?

## 2. 2차 피해

### 가. 2차 피해의 정의

2차 피해란 범죄 피해 후 피해자가 2차적으로 겪는 고통과 불이익으로, 성폭력 2차 피해는 사건이 일어난 이후에 사법기관, 의료기관, 가족, 친구, 언론 등에서 보이는 피해자에 대한 부정적인 반응으로 인해 피해자가 입는 정신적, 사회적·경제적 불이익이나 피해자 스스로 심리적인 고통을 겪는 것을 말한다(이미경, 2012).

### 나. 2차 피해 실태

성폭력 2차 피해 경험을 살펴보면, "피해 사실을 주변 사람에게 말해봐야 너에게 도움되지 않는다."라는 말을 들은 경험이 10.1%로 가장 높았다. 이어서 "성폭력 피해를 겪었다는 것은 수치스러운 일이다."(8.4%), "친해서 한 행동(말)인데 네가 너무 민감하게 생각하는 것 같다."(8.1%), "네가 그런 행동을 할 여지를 주었다."(7.4%), "신고하거나 도움을 요청해봐야 가해자만 자극하게 된다."(5.5%), "일을 크게 키우지 말고 가해자와 빨리 합의하는 것이 너에게도 좋다."(4.6%), "가해자는 원래 좋은(괜찮은) 사람인데 실수한 것이니 이해하고 넘어가는 게 좋을 것 같다."(4.5%)라는 말을 자주 들은 것으로 나타났다.

개인정보나 피해 내용이 유포된 경우는 3.6%, 피해자 이름이 유사 사건에 거론된 경우는 3.4%, 피해자가 잘못한 것처럼 알려진 경우는 3.7%, 따돌림을 당한 경우는 2.4%, 폭언·폭행을 경험한 경우는 4.3%로 나타났다.

전반적으로 여성은 남성에 비해 언어로 인한 2차 피해를 더 많이 경험하였고, 남성은 여성에 비해 사회적 배제로 인한 2차 피해를 더 많이 경험한 것으로 조사되었다.

[표 5-10] 강간(미수 포함) 피해 경험

| 구분 | 지금까지 | | |
|---|---|---|---|
| | 전체 | 여성 | 남성 |
| "피해 사실을 주변 사람에게 말해봐야 너에게 도움되지 않는다" | 10.1 | 11.7 | 7.1 |
| "성폭력 피해를 겪었다는 것은 수치스러운 일이다" | 8.4 | 8.2 | 8.7 |
| "네가 그런 행동을 할 여지를 주었다" | 7.4 | 7.8 | 6.5 |
| "일을 크게 키우지 말고 가해자와 빨리 합의하는 것이 너에게도 좋다" | 4.6 | 4.9 | 4.2 |
| "가해자는 원래 좋은(괜찮은 사람인데 실수한 것이니 네가 이해 하고 넘어가는 게 좋을 것 같다" | 4.5 | 4.1 | 5.2 |
| "친해서 한 행동(말)인데 네가 너무 민감하게 생각하는 것 같다" | 8.1 | 6.8 | 10.5 |
| "신고하거나 도움을 요청해봐야 가해자만 자극하게 된다" | 5.5 | 4.9 | 6.8 |
| 나에 대한 개인정보, 피해내용 등이 유포되었다 | 3.6 | 3.1 | 4.7 |
| 나의 경험과 비슷한 피해 상황마다 내 이름을 거론했다 | 3.4 | 2.7 | 4.7 |
| 마치 내가 잘못해서 성폭력 피해가 발생한 것처럼 알려졌다 | 3.7 | 3.5 | 4.1 |
| 나를 문제 유발자로 낙인찍고 집단 따돌림을 하였다 | 2.4 | 1.9 | 3.3 |
| 폭언, 폭행을 경험하였다 | 4.3 | 3.1 | 6.6 |

출처: 2022년 성폭력 안전실태조사 연구(여성가족부, 2022)

**활동해보기 3** **#1**

직장 내 성희롱·따돌림 받다가 폭언한 직원, 1심에서 "징계 취소"

A씨는 2016년 재단법인에 입사한 뒤 이사장에게 4개월 간 성희롱을 당해, 법원은 이사장에게 징역 6개월과 집행유예 2년을 선고했다. 그러나 이후 A씨의 직장 생활은 오히려 더 어려워졌다.

A씨는 성희롱 충격으로 휴직하자 재단은 무단결근을 이유로 해고를 통보했고, 이에 맞서 A씨는 노동위원회에 부당해고 구제신청을 제기했고 재단은 해고를 철회해 A씨를 복직시켰다.

하지만 복직 이후 A씨는 재단 산하 시설로 발령되어 업무용 장비와 시설 출입 권한도 제공하지 않아 사실상 업무 배제 상태가 이어졌다.

2023년, 조직 내 따돌림이 계속된다고 느낀 A씨가 동료에게 "초등학교 다시 다녀라"고 폭언했고, 재단은 이를 문제 삼아 정직 2개월 징계를 내렸다.

출처: 조선비즈 | https://n.news.naver.com/mnews/article/366/0001090444?sid=102

## 활동해보기 3 #2

### 갑질 논란 태백시체육회...직원 파면 놓고 공방

성희롱과 폭언을 알린 태백시체육회 직원들이 오히려 불리한 대우를 받아 결국 직장을 떠나는 일이 벌어졌다. 류철호 태백시체육회장은 A씨가 공식 행사에서 단순한 진행 실수를 했다는 이유로 "이 ○○, ○○ 무슨 말을 하면 착오가 있었습니다, 제가 잘못한 것 같습니다라고 말을 하면 되지 지금 네 말이 맞다고 잘났다고 계속 떠들고 ○○이야", "공식적인 자리에서 개망신을 줘도 이 ○○야, 다른 지자체 같으면 난리 났어 ○○야" 와 같은 발언을 했다.

이후 류 회장은 "누가 제보했느냐"며 대화를 녹음하는지 캐물으며 피해 사실을 알리지 못하도록 직원들을 압박했다. 또 직무와 무관한 지시가 이어지며 부당한 처우가 계속되었다. 중부지방고용노동청 태백지청은 A씨를 포함한 직원들이 신고한 피해 내용을 조사한 뒤, 태백시체육회에 시정 지시와 과태료 처분을 내렸다. 이후 스포츠윤리센터 조사 결과를 토대로 시 체육회 스포츠공정위원회가 심의를 진행했고, 결국 류 회장에게는 경징계인 견책이 내려졌다.

사건이 정리되는 듯 보였으나 얼마 지나지 않아, A씨는 육아휴직 중 '파면' 통보를 받았다. 체육회는 파면 사유로 A씨가 팀장으로 근무하던 시기 새로 채용한 직원 B씨 근로계약서를 작성하지 않았고, 초임 호봉을 잘못 산정해 노동청에 진정서를 내야했다고 주장했다. 더불어 A씨가 성희롱 예방 교육을 이수하지 않아 과태료 400만원 부담했으며 일일 업무일지를 다른 직원보다 적게 작성했다는 점 역시 징계 사유라고 설명했다. 하지만 A씨는 이러한 징계가 보복성 인사조치라고 맞섰다. 채용과 호봉 결정은 회장과 사무국장이 최종 승인하는 구조였고, 갑작스레 팀장으로 발령되어 관련 내부 결재 공문조차 며칠이 지나서야 시행되는 등 업무 인수인계나 준비가 매우 미흡한 상황이었는데 같은 성희롱 교육을 이수하지 않은 다른 직원들은 아무런 제재가 없었다고 지적했다.

출처 : 연합뉴스 | https://n.news.naver.com/mnews/article/001/0015575192?sid=102

## 활동해보기 3

1. 위 사례에서 누가, 어떠한 방식으로 2차 피해를 가했는지 적어보자.

2. 당신이 위 사례 피해자라면 어떻게 대처할지 적어보자.

3. 당신이 위 사례 관리자라면 2차 피해를 예방하기 위해 사건을 어떻게 처리할지 적어보자.

## 3. 성희롱·성폭력 사건 조치 및 처리

### 가. 성희롱 · 성폭력 사건 발생 시 행동 요령

'국방부 성희롱 · 성폭력 등 예방 예규'에서는 성희롱 · 성폭력 사건 발생 시 상급자와 구성원이 해야 할 책무를 다음과 같이 명시하고 있다.

1) 상급자의 책무

① 피해자의 업무 및 근로조건에 영향을 줄 수 있는 자(이하 "상급자"라 한다)는 성희롱 · 성폭력 피해 발생을 인지하였을 때에는 피해자에게 성희롱 · 성폭력 및 2차 피해 고충처리절차를 충실하게 안내하여야 한다.

② 상급자는 피해자에게 2차 피해가 발생하지 않도록 고충처리가 종료될 때까지 피해자 보호를 위하여 노력하여야 한다.

③ 상급자는 기관의 2차 피해 고충처리절차 및 피해자 보호를 위한 예방교육 등 다음 각 호의 조치에 적극 협조한다.

1. 고충처리과정에서의 피해자 보호 조치
2. 구성원들의 피해자에게 2차 피해를 주는 행위 예방을 위한 조치
3. 피해자의 고충 경청 및 해소 조치

④ 상급자는 고충처리 종료 후 피해자에게 2차 피해가 없는지 관찰하고 구성원들이 피해자에게 2차 피해를 주는 행위가 발생하지 않도록 2차 피해 예방을 위한 노력을 하여야 한다.

2) 구성원의 책무

국방부와 그 소속기관의 구성원(행위자 포함)은 직장 내 성희롱 · 성폭력 사건과 관련하여 다음 각 호의 2차 피해를 주는 행위를 하여서는 아니된다.

1. 사건을 은폐하거나 축소하려는 행위
2. 피해자의 의사에 반하여 고충처리 신청을 철회하거나 성희롱 · 성폭력 행위자와의 합의를 종용 내지 강요하는 행위
3. 피해자의 고충과 관련하여 그 고충의 내용이나 피해자의 인적 정보 및 평판에 관한 내용을 타인에게 전달하는 행위(정보통신망을 이용한 행위를 포함한다)
4. 피해자를 비난하거나 피해자에게 책임을 전가하려는 행위
5. 정당한 이유없이 성희롱 · 성폭력 행위자를 옹호하거나 두둔하는 행위
6. 정당한 이유없이 피해자에게 피해 사실 언급 및 피해 사실을 확인하려는 행위
7. 피해자 및 조력자에 대한 악소문을 유포하는 행위
8. 그 밖에 이에 준하는 행위

3) 신고 및 보고

군 성고충예방대응센터에서는 성희롱 · 성폭력 사건 발생 시 다음과 같은 매뉴얼에 따라 신고 및 보고하도록 안내하고 있다.

[표 5-11] 신고자에 따른 신고 및 행동 요령

| 신고자 | 상급자 행동 요령 |
| --- | --- |
| 피해자 | • 성고충전문상담관 연계: 사건 처리 절차 및 피해자 지원 사항 안내<br>• 행위자 분리(조사 신청서 접수 시, 분리 사유 고지 및 2차 피해 예방교육), 사건처리 관리 · 감독 |
| 제3자 | • 관련자(피해자, 행위자) 확인 시 성고충전문상담관 연계<br>• 관련자(피해자, 행위자) 불명확 시 피해자만이라도 확인 후 연계 |

[표 5-12] 보고 경로 및 지휘 보고 기준

<table>
<tr><th>구분</th><th>수사 및 조사</th><th>지휘관 보고</th><th>양성평등계선 보고</th></tr>
<tr><td>행위자 처벌 의사 있음</td><td>O</td><td>O</td><td>O</td></tr>
<tr><td>행위자 처벌 의사 없음</td><td>X</td><td>X</td><td>O</td></tr>
<tr><td>유형 구분</td><td>영관장교 이상 간부<br>4급 이상 군무원</td><td>위관장교 이하 간부<br>5급 이하 군무원, 공무직 근로자</td><td>병</td></tr>
<tr><td>성폭력</td><td>군단장 → 총장 → 장관</td><td colspan="2" rowspan="3">인지 부대 → 사단장급 지휘관</td></tr>
<tr><td>성희롱</td><td rowspan="2"></td></tr>
<tr><td>2차 피해</td></tr>
</table>

[표 5-13] 성희롱 · 성폭력 사건 발생 시 조치 사항 체크리스트

| 구분 | 항 목 | 확인 |
|---|---|---|
| 사건 처리 절차 | 사건 인지 후 피해자에게 성고충전문상담관을 안내하고 연계하였는가? | |
| | 피해자가 사건 처리 절차와 지원사항에 대해 안내받았는지 확인했는가? | |
| | (신고 시) 조사신청서 접수 및 확인서 발급 여부를 확인했는가? | |
| | 행위자를 근무지 및 숙소 등 실질적으로 분리했는가? | |
| | 행위자에게 분리 사유 고지 및 2차 피해 예방 교육을 했는가? | |
| | 조사 부서(감찰, 법무, 군사경찰)를 지정하고, 해당 부서에 조사를 지시했는가?<br>* 성폭력 사건의 경우, 민간경찰고소장 제출 여부를 확인했는가? | |
| | 고충 심의 결과 및 권고사항에 따른 징계 절차 등 행정 조치를 하였는가? | |
| | 행위자 징계 처분 후 보직 조정 등 인사 조치를 하였는가? | |
| 2차 피해 예방 조치 | 성고충처리담당자 등 사건 처리 계선에게 비밀 유지를 강조했는가? | |
| | 피해 내용 부대통합시스템 기록 금지, 온나라 사진 삭제(피해자 요청 시), 관련 서류 열람 제한 등 신분 노출 방지 조치를 했는가? | |
| | 사건 처리 중 2차 피해 예방을 강조하고 발생 여부를 확인했는가? | |
| 일상 회복 지원 | 청원휴가(휴직) 등 피해자 요구가 제대로 반영되었는지 확인했는가? | |
| | 청원휴가(휴직) 중인 피해자의 경우, 해당 지휘관 및 상담관, 가족 등 신뢰관계인을 통해 근황을 확인했는가? | |
| | 피해자의 일상 회복 과정과 현 상황을 확인하고 적절한 조치를 했는가? | |

## 나. 성희롱 · 성폭력 사건 처리

[그림 5-4] 성희롱 · 성폭력 사건 처리 흐름도

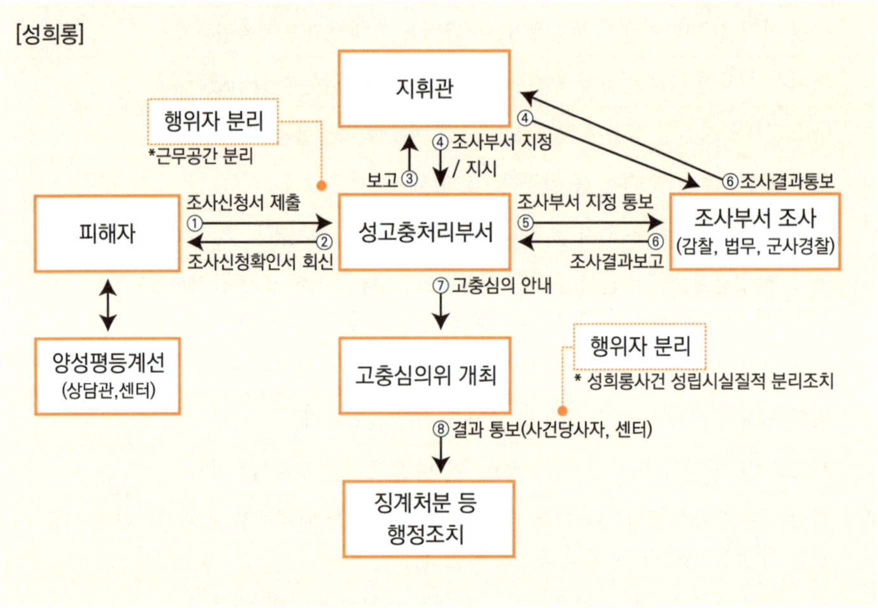


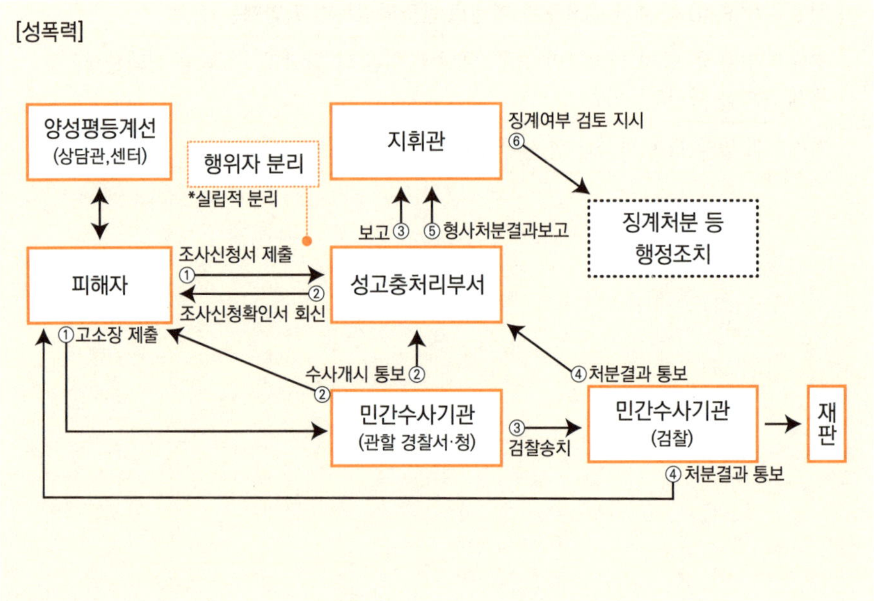


출처: 성희롱·성폭력 사건 발생 시 조치 및 참고사항 ver.6(육군 성고충예방대응센터, 2025)

[그림 5-5] 전국 디지털 성범죄 피해 지원 전문 기관

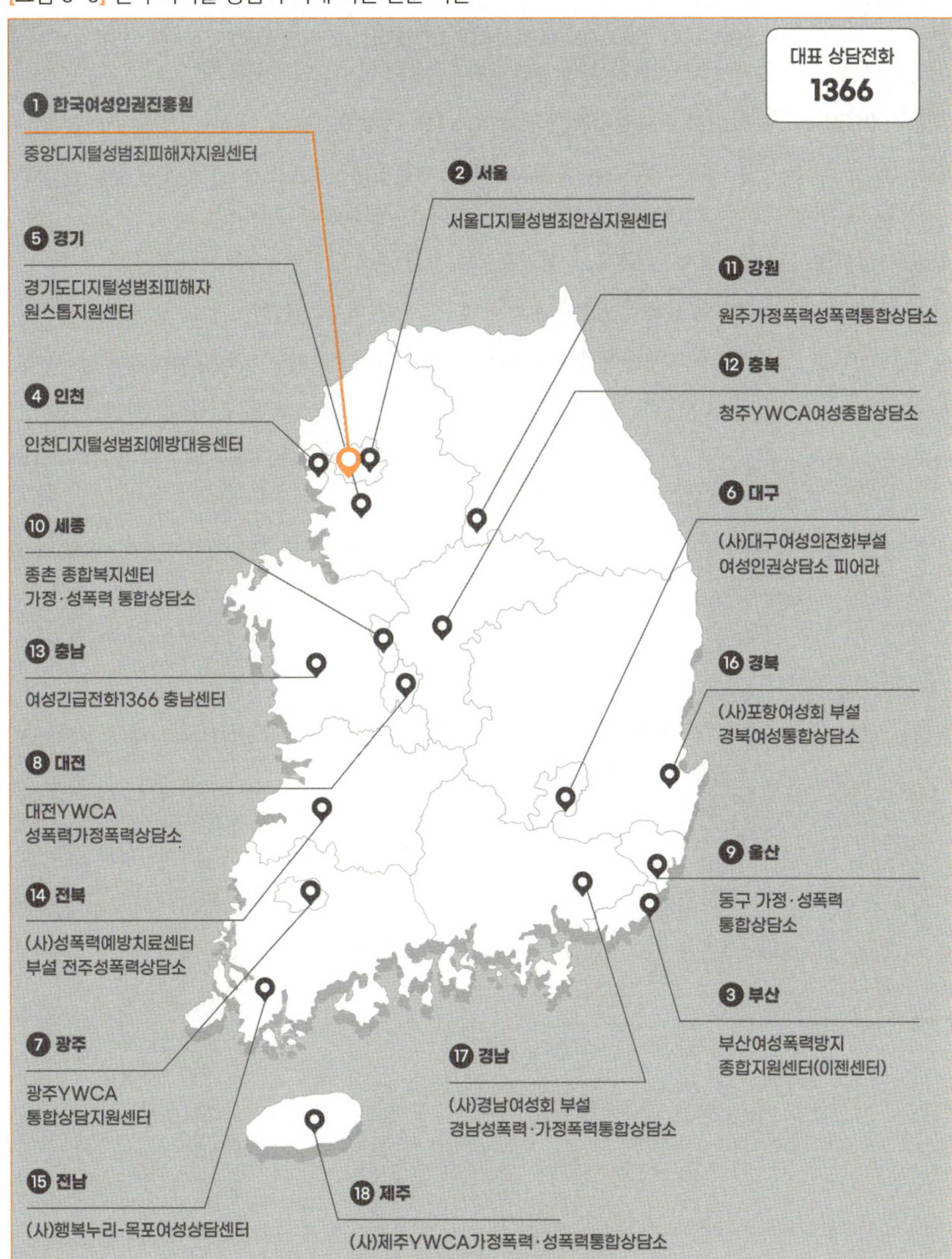


출처: 2024 디지털성범죄 피해자 지원 보고서(한국여성인권진흥원, 2025)

## 참고문헌


[ 국내문헌 ]

국방부(2023). NEW 성인지 리더십의 이해와 실천. 서울: 국방부.

법제처(2025). 디지털 성범죄의 범위. 찾기 쉬운 생활법령정보.https://easylaw.go.kr/CSP/CnpClsMain.laf?csmSeq=1594&ccfNo=1&cciNo=1&cnpClsNo=1

송경재, 장유정, 이상봉, 석혜선. (2022). 성인지 감수성을 묻고 답하다. 서울: 양서각.

여성가족부(2022). 2022년 성폭력 안전실태조사 연구. 서울: 여성가족부.

이미경. (2012). 성폭력 2차 피해를 통해 본 피해자 권리. 이화여자대학교 대학원 박사학위 청구논문.

한국여성인권진흥원(2025). 2024 디지털성범죄 피해자 지원 보고서. 서울: 한국여성인권진흥원.

한국여성정책연구원(2024). 디지털 성범죄 판례의 성인지적 분석: 카메라등이용촬영 및 유포 관련 범죄를 중심으로. 서울: 한국여성정책연구원.

육군 성고충예방대응센터(2025). 성희롱·성폭력 사건 발생 시 조치 및 참고사항 ver.6. 계룡: 육군 본부.

[ 온라인 ]

연합뉴스(2025.08.20.). "갑질 논란 태백시체육회…직원 파면 놓고 공방". https://n.news.naver.com/mnews/article/001/0015575192?sid=102.

이데일리(2025.09.08.). ""전 남친 결국 이혼"...아내인 척 얻은 성관계 사진 유포한 30대". https://n.news.naver.com/mnews/article/018/0006109927?sid=102.

조선비즈(2025.07.07.). "직장 내 성희롱·따돌림 받다가 폭언한 직원, 1심에서 "징계 취소"". https://n.news.naver.com/mnews/article/366/0001090444?sid=102.

# 6장

# 무너진 존엄,
# 왜곡된 성문화

## 1. 성적 대상화

성적 대상화(sexual objectification)란 한 사람을 독립적인 인격체로 존중하지 않고, 성적 매력이나 성적 기능만으로 평가하거나 대하는 태도를 의미한다(Fredirckson & Roberts, 1997). 즉, 상대방을 인격을 지닌 '사람'이 아닌 '성적인 도구'로 취급하는 것을 의미한다. 특정인의 외모나 몸매를 강조하며 능력이나 인격은 무시하는 경우, 회의나 업무 상황 등에서 역할이나 성과보다 외모로 평가하는 경우, 조직 내에서 특정인을 성적인 시선의 대상으로만 보는 것 등이 포함된다.

성적 대상화는 단순히 이성에게 호감을 표현하는 것과는 다르다. 상대방을 존중하는 마음 없이 오로지 성적 매력만으로 규정하고 평가하는 것이 문제이다. 이처럼 상대방을 인격적으로 대우하는 것이 아닌 성적인 도구로 취급하는 성적 대상화는 다음과 같은 측면에서 부정적인 영향을 낳는다. 먼저, 성적인 도구 취급을 받게 된 개인은 존중받지 못한다는 느낌으로 인해 불안감, 수치심, 자존감 저하 등의 부정적인 감정을 경험하게 된다. 또한, 성적 대상화가 만연한 조직일수록 성차별 문화가 고착되고 상호 간의 갈등이 증가하며 이로 인해 구성원들 간의 협력과 신뢰도 무너지게 된다. 이러한 성적 대상화는 단순한 시선 또는 언행이 아니라, 성차별과 성폭력으로 이어질 수 있는 계기가 된다는 점에서 매우 위험하다. 개인의 존엄성과 사회적 건전성을 무너뜨리는 왜곡된 성문화의 출발점이 성적 대상화라고 볼 수 있기 때문에 우리 사회에서 반드시 없어져야 할 태도와 행동이다.

## 2. 성적 대상화를 통한 성의 상품화

성 상품화(sexual commodification)란 성적 매력이나 성 자체를 상품처럼 사고팔 수 있는 가치로 취급하는 것을 말한다(성윤숙 · 손병덕, 2014). 즉, 성을 상품화 한다는 것은 인간의 성을 직접 혹은 간접적으로 사용하여 이윤 추구를 위해 이용하는 것을 의미한다. 성적 대상화가 개인적 시선에서 시작된다면, 성 상품화는 그것이 사회·문화·경제적 구조 속에서 제도화되고 상업화된 결과라고 할 수 있다.

[그림 6-1] 성적대상화 및 성상품화가 만연해지는 현대 사회의 위험성

광고에서 불필요하게 노출된 여성 또는 남성의 몸을 내세워 성적인 매력을 이용해 소비자를 유인하거나 과도하게 성적인 이미지를 강조하는 콘텐츠를 제작하여 수익을 얻는 행위 등을 모두 성 상품화의 사례로 볼 수 있다.

이러한 성 상품화는 인간의 성을 하나의 도구로 전락시켜 인격적 가치를 무시함으로써 개인의 존엄성을 훼손시키게 하며, 왜곡된 성 가치관을 형성시키는 문제를 낳는다. 또한, 성 상품화는 단순한 문화적 현성이 아니라 성적 대상화가 상업적 구조로 자리 잡은 결과이며, 결국 성을 직접 사고파는 성매매와 성착취 등으로 이어진다.

## 3. 성이 거래의 대상이 되는 현실, 성매매

성매매(prostitution)란 불특정인을 상대로 금품이나 그 밖의 재산상의 이익을 수수(收受)하거나 수수하기로 약속하고, 성교행위 혹은 구강, 항문 등 신체의 일부 또는 도구를 이용한 유사 성교 행위 중 어느 하나에 해당하는 행위를 하거나 그 상대방이 되는 것을 말한다(「성매매알선 등 행위의 처벌에 관한 법률」).

성매매는 전 세계적으로 존재하는 보편적 문제이며, 한국 사회 역시 예외가 아니다. 오늘날에는 온라인 채팅앱, SNS, 조건만남 사이트 등 디지털 매체를 통해 빠르게 확산되고 있으며 청소년 성매매, 유흥업소 연계 성매매 등 다양한 형태로 이루어지고 있다.

우리나라는 성매매를 범죄로 규정하고 있으며 성매매를 한 자, 성매매를 하게 한 자, 성매매를 알선한 자, 알선 목적의 광고를 한 자 모두가 처벌 대상이다. 하지만 수요와 공급이 꾸준히 존재하기 때문에 이를 통해 불법적인 수익을 창출하면서 유지되고 있는 것이 현실이다. 특히, 「공익법센터 어필」에 따르면, 성매매 알선 조직은 범죄와도 연계되어 이 과정에서 성폭력, 아동 및 청소년 성착취, 인신매매 등이 동반되는 경우가 많다.

성매매의 부정적인 영향은 매우 광범위하다. 성을 구매하는 사람은 성을 돈으로 살 수 있는 것으로 인식하여 건전한 성 가치관이 왜곡되며 성매매를 반복하게 될 경우 중독, 성범죄 등의 위험성이 증가하게 된다. 성매매에 종사하는 사람은 신체적·정신적 건강 악화, 성병 감염의 위험, 사회적 낙인으로 인한 고립 및 강제적인 폭력에 노출되며 자유를 빼앗기기도 한다. 사회적으로 성매매는 성을 거래 가능한 상품으로 대상화하여 건전한 성문화 정착 및 성평등한 사회 구현을 가로막게 된다. 또한, 기형적으로 팽창하는 성매매 산업은 성폭력, 인신매매 등과 연결되어 사회적 비용을 증가시킨다. 무엇보다 청소년을 포함한 젊은 세대들에게 왜곡된 성 가치관을 학습시켜, 장기적으로 성차별과 성폭력의 토대가 된다는 점에서 성매매는 반드시 근절되어야 할 사회적 문제이다.

## 활동해보기 1

짙은 화장, 크롭티 입은 소녀들..."아동 성 상품화" vs "아이들의 꿈"

"짙은 화장을 한 어린 여자아이들이 노출 의상을 입고 서로 경쟁하는 방송이 정상인가요?"

최근 MBN이 준비 중인 만 15세 이하 K-팝 오디션 프로그램 '언더피프틴'이 아동 성 상품화 논란에 휩싸였다. 제작진은 'K-POP 신동 발굴'이라는 콘셉트로 홍보했지만, 프로그램 홍보물과 티저 영상에 등장한 어린 참가자들이짙은 화장, 노출 의상, 이름·나이·국적과 함께 바코드 이미지까지 붙은 프로필로 소개되면서 "아이들을 상품처럼 전시한다"는 비판이 거세졌다.

민주언론시민연합(민언련)은 "'언더피프틴'은 어린아이들을 상업적 이익을 위한 도구로 취급하는 미성년자 상품화"라며 "어린아이들에게 공개적으로 경쟁을 부추겨 성적 이미지로 소비하는 행위는 명백한 아동 학대이자 미성년자 권리 침해"라고 지적했다.

한국여성정치네트워크 역시 "여성 아동에게 '신동'과 '데뷔' 같은 언어를 씌워 성적 대상화를 성장 서사로 포장하는 것은 아동 노동 착취이자 성 착취"라고 비판했다.

온라인에서도 "8살 아이에게 무슨 오디션이냐", "사실상 아동학대" 등 비판이 쏟아지며 제작 중단을 요구하는 반응이 나타났다.

논란이 커지자 MBN은 방영 여부까지 전면 재검토하겠다고 밝혔지만, 제작사 측은 "참가자와 보호자 동의를 모두 받았다"며 계속 제작 의지를 드러냈다. 제작진은 "아이들의 열정과 노력을 응원해달라"고 호소했지만, 사회적 우려는 쉽게 가라앉지 않는 상황이다.

출처 : 세계일보 | https://www.segye.com/newsView/20250323508862?OutUrl=naver

## 활동해보기 1

1. 광고와 미디어에서 성적 매력을 이용하는 것이 단순한 마케팅 전략인지, 인격을 침해하는 성 상품화인지 논의해 보자.

2. 미디어 속 성적 대상화가 성 가치관 형성에 미치는 영향에 대해 논의해 보자.

## 활동해보기 2

### 청소년 성적 유인과 성매매

온라인을 통한 청소년 성적 유인과 성매매 실태를 심층파악하기 위해, 전국 중고교생 6,423명 대상 설문조사를 실시하였다. 지난 3년간 온라인에서 원치 않은 성적 유인 피해를 당한 경험이 있는 응답자는 11.1%였으며, 전체 응답자 중 만남 유인까지 경험한 비율은 2.7%였다. 성적 유인 상위 3개 경로*는 인스턴트 메신저(28.1%), SNS(7.8%), 인터넷 게임(14.3%) 순이었으며, 유인자는 대부분 온라인에서 처음 만난 관계(76.9%)로 나타났다.

* 카카오톡, 페이스북 메신저 등, 트위터, 인스타그램, 페이스북 등

인터넷에서 성적 유인 피해를 경험한 응답자(713명)중 피해사실을 알리지 않은 비율은 54%였으며, 성매수 관련 유인 피해자(34명)의 경우, 피해사실을 알리지 않은 가장 큰 이유는 누군가 알게 되는 것이 싫어서(33%)였다.

출처 : 「2019년 성매매 실태조사」(여성가족부)

### 일반 성인 성매매 경험·인식 조사

- 조사대상 : 만 20세 이상 60세 미만 성인 남성 1,500명
- 평생 성구매 경험 : 조사대상 남성중 평생 동안 한 번 이상 성구매를 경험한 비율은 42.1%로 나타남.
- 최초 성구매 연령 : 최초 성구매 연령은 20세 이상(53.9%), 25세 이상(26.8%), 30세 이상(10.3%) 순이었음

| 구분 | 19세 이전 | 20세 이상 | 25세 이상 | 30세 이상 | 35세 이상 | 40세 이상 | 합계 | 평균 나이 |
|---|---|---|---|---|---|---|---|---|
| 2019 | 18 (2.9) | 340 (53.9) | 169 (26.8) | 65 (10.3) | 30 (4.8) | 9 (1.4) | 631 (100) | 24.5세 |

- 최초 성구매 동기 : 호기심(28.6%)으로 성구매한 경우가 가장 많았으며, 특별한 일 전에(20.4%), 회식 등 술자리 후(18.9%)가 그 뒤를 이음

| 구분 | 호기심 | 군입대 등 특별한 일 전에 | 성적 욕구 해소 | 스트레스 해소 | 회식 등 술자리 후 함께 | 친구·동료·선배 등 압력 | 업소 여성의 유혹 | 접대 관행 | 해외 여행·출장 중 기회로 | 합계 |
|---|---|---|---|---|---|---|---|---|---|---|
| 2019 | 282 (28.6) | 201 (20.4) | 140 (14.2) | 22 (2.2) | 187 (18.9) | 101 (10.2) | 21 (2.1) | 27 (2.7) | 6 (0.6) | 987 (100) |

출처 : 「2019년 성매매 실태조사」(여성가족부)

## 활동해보기 2

1. 성매매를 범죄로 볼지, 개인의 자유로운 거래로 볼지 논의해 보자. 또 성매매가 사라지지 않는 근본적인 원인도 함께 생각해 보자.

2. 디지털 시대의 성매매(조건만남, 랜덤채팅, SNS 등) 확산을 막기 위한 효과적인 방법은 무엇일까?

## 참고문헌

[ 국내문헌 ]

성윤숙, & 손병덕. (2014). 스마트시대 대중매체를 통한 청소년의 성 상품화 대응방안 연구. 한국청소년정책연구원.

여성가족부(2019). 「2019년 성매매 실태조사」.

[ 국외문헌 ]

Fredrickson, B. L., & Roberts, T. A. (1997). Objectification theory: Toward understanding women's lived experiences and mental health risks. Psychology of women quarterly, 21(2), 173-206.

[ 온라인 ]

공익법센터 어필(2013.10.30.). "아동성매매와 인신매매". https://apil.or.kr/news/7723.

세계일보(2025.03.23.). "짙은 화장, 크롭티 입은 소녀들…"아동 성 상품화" vs "아이들의 꿈" [어떻게 생각하십니까]". https://www.segye.com/newsView/20250323508862?OutUrl=naver

# 7장

# 동료 개입과 예방

## 1. 동료개입의 개념과 목적

동료개입(colleague intervention)은 일반 학술연구에서 사용하는 주변인 개입(bystander intervention)과 동일한 개념이지만 주변인이라는 용어가 주는 어감이 방관자를 연상시켜 적극적인 개입과 보호를 위축시키는 경향이 있기 때문에 정병삼 등(2024)의 연구에서는 동료개입으로 용어의 변경을 제안했다. 동료개입이란 조직 내 성희롱·성폭력 사건을 예방할 수 있는 조직 분위기를 조성하고, 만약 성희롱·성폭력 상황이 발생하면 동료들이 적절한 전략으로 개입하여 더 심각한 피해 상황이 발생하지 않도록 대처하는 전략이다.

성희롱 및 성폭력 사건을 예방하기 위해서는 먼저 피해자 스스로 성희롱·성폭력을 인지하고 이를 적극적으로 중단하도록 주장하는 인지 및 주장성 훈련을 제안할 수 있다. 그러나 가해자가 피해자보다 지위나 위세, 신체적 역량, 심리적·인지적 지배성 등에서 우월할 경우 효과적으로 대처하기는 어렵다. 다른 접근 방법으로 가해자와 피해자를 둘러싼 사회환경과 분위기를 변화시켜 조직 내에서 누구도 섣불리 성희롱·성폭력 가해 행위를 할 수 없도록 만드는 전략이 있는데, 이를 위해서는 누구라도 성희롱·성폭력을 당할 경우 동료들이 이를 저지하는 조직문화 형성이 필요하다.

동료개입은 크게 두 가지 목적이 있다. 첫째, 조직 내 성희롱·성폭력이 한 개인의 문제가 아니라 조직 전체의 생존과 발전을 위협하는 범죄임을 인식하고, 누구라도 가해자를 저지하고 피해자를 보호하는 데 동참할 수 있도록 인식을 개선하고, 효과적인 개입전략을 교육하는 데 목적이 있다. 둘째, 동료개입은 조직문화 개선의 목적이 있다. 조직 내 성희롱·성폭력을 개인 대 개인의 문제로 치부하게 되면 개별 사건에 대한 대응에 급급하게 되고, 조직 전체의 인식개선과 조직문화 변화로 나아가기 어렵다. 동료개입 교육과 대처전략 훈련을 통해 조직의 전 구성원이 어떤 형태의 성희롱·성폭력을 용납하지 않고, 만약 사건의 조짐이 보이면 바로 개입함으로써 성희롱·성폭력으로부터 안전한 조직문화를 형성할 수 있다.

## 2. 동료의 유형

성희롱 · 성폭력 상황이 발생할 때 이에 관련된 인물은 크게 가해자, 피해자, 그리고 주변인(동료) 등으로 구분할 수 있다. 가해자는 말 그대로 성희롱 · 성폭력을 저질렀거나 그랬을 것으로 추정되는 인물이고, 피해자는 그러한 가해행위로 인해 피해를 당했거나 그랬을 것으로 추정되는 인물이다. 주변인은 가해 및 피해 상황을 목격하였거나 직 · 간접적으로 인지하게 된 인물(들)이다. 이러한 주변인은 크게 네 가지 정도로 유형을 분류할 수 있다.

첫 번째 유형은 방관자로서 말 그대로 주변인으로 머물러 가해 행위에 참여하지는 않지만 그렇다고 가해를 저지하거나 피해자를 보호하는 역할도 하지 않는다. 두 번째, 유형은 동조자로서 가해 행위에 가담하여 가해자를 도와주는 행위자이다. 셋째, 강화자로서 가해행위에 직접 동참하지는 않지만 가해행위를 응원하거나 선동하는 행위자이다. 네 번째는 개입자 또는 보호자로서 가해행위를 저지하고, 피해자를 보호하는 유형으로서 동료개입 훈련을 통해서 육성하려는 동료의 유형이다.

## 3. 동료개입 전략

적극적 개입자(active intervener or upstander)는 단순한 감정적 동요나 정의감에서 개입하기보다 상황을 종합적으로 인식하고, 분석하며, 효과적인 개입전략을 숙달할 때 효능성이 있다. 이를 위해서는 조직 내에서 주기적으로 동료개입 훈련을 시행하는 것이 중요하다. 실제로 美軍은 SHARP(Sexual Harassment Assault Response & Prevention) 프로그램을 설계하고, SHARP센터에서 연 1회 의무교육을 실시한다(USARMY, 2025). SHARP프로그램을 이수한 군인 또는 군무원은 소극적 주변인에서 적극적인 개입자로 변화될 가능성이 높다.

미군의 SHARP프로그램은 Prevention(예방), Bystander Intervention(동료 개입), Sexual Harassment(성희롱), Sexual Assault(성폭력), Retaliation(보복) 등 총 5개 단원으로 구성되어 있다. 각 단원의 교육시간은 1시간에서 1시간 30분 정도이며, 모든 단원을 이수해야 연 1회 교육을 수료한 것으로 인정된다. 교육은 각 부대 지휘관이나 부서장이

주관하여 30명 이내의 소그룹으로 진행하는데, 휴대용 팸플릿을 이용하여 각 상황별로 인식 - 대응 - 후속조치에 관해 토의식으로 교육을 한다. 또 여단급 부대에는 전문교관이 배치되어 상황유형별 실습장(예: 숙소, 체력단련실, 부대, 샤워실 등)에서 역할극을 통해 상황별 개입기술을 실습하여 숙달하도록 한다.

동료개입은 5개 단원 중 두 번째 단원에 해당하는데 Latane & Darley(1970)가 제시한 개입 5단계 모델을 적용한다. 이를 살펴보면 ① 주목하기/상황 알아채기(Notice) → ② 해석하기(Interpreting) → ③ 책임감을 느끼기(Assuming Responsibility) → ④ 개입전략을 결정하기(Deciding the skills to intervene) → ⑤ 개입하기(Intervening) 등으로 구성된다.

'주목하기' 단계에서는 조직 내에서 성희롱 · 성폭력 상황에 대해 항상 민감성을 가지고 살펴보면서 혹시라도 그러한 상황이 발생할 개연성이 탐지되면 관심을 가지고 관찰하는 태세이다. 두 번째 '해석하기'에서는 성희롱 · 성폭력의 개연성이 발견되면 상황을 분석하고, 해석하는 단계이다. 세 번째 '책임감을 느끼기' 단계에서는 성희롱 · 성폭력 상황이 명백하거나 그럴 가능성이 크다고 판단되면 동료로서 가해 행위를 중단시키고, 피해자를 보호해야 한다는 책임감을 느끼는 것으로서 5단계 개입모델 중 가장 중요한 단계이다. 넷째, '개입방법을 결정하기' 단계에서는 최단 시간에 효과적으로 가해 행위를 중단시키고, 피해자를 보호할 수 있는 전략을 결정하는 것으로 이를 위해서는 사전에 다양한 개입전략을 숙지하고 있어야 한다. 다섯째 '개입하기' 단계에서는 결정한 개입전략을 신속하고, 효과적으로 적용하여 가해자를 저지하고, 피해자를 보호하는 것이다.

구체적인 개입기술로는 Hollaback의 5D 전략이 자주 사용되는데, 여기에는 Distraction(주의 돌리기), Delegation(도움을 요청하기), Documentation(기록 남기기), Delay(사후 개입하기), Direct(직접 대응하기) 등이 있다(May & Arteaga, 2022).

가장 먼저 사용할 수 있는 개입전략은 '주의 돌리기'로서 성희롱 · 성폭력 가해자나 피해자에게 말을 걸거나 질문함으로써 가해자가 더는 가해 행위를 지속할 수 없도록 방해하는 것이다. 이것은 가장 긴장의 강도가 낮으면서도 가해자에게 '주변에 피해자를 도울 수 있는 동료가 존재하고 있음'을 인식시키는 효과적인 전략이다.

둘째, '도움을 요청하기'는 조직의 부서장이나 지위가 더 높은 사람에게 성희롱 · 성폭력 상황을 알리고 개입을 요청하는 전략이다. 만약 버스나 상점 등 외부 장소에서 성희롱 · 성폭력 상황을 목격했다면 상점 주인이나 매니저, 버스 기사 등에게 도움을 요청하는 것이다. 만약 개입하는 동료의 지위가 낮거나 경험이 부족하다면 직접 개입보다는 '주의 돌리기'나 '도움 요청하기'가 더 적합할 수 있다.

셋째, '기록 남기기'는 지위나 경험과 관계없이 누구나 할 수 있는 개입전략으로서 가해 행위가 발생한 일시, 장소, 그 당시 있었던 인물의 명단, 가해자의 행위를 구체적으로 기록하거나 사진, 동영상 등으로 촬영하는 것이다. 이런 기록물들은 향후 사건을 처리하는데 매우 중요한 증거가 된다.

넷째, '사후 개입하기'는 가해 행위가 발생한 당시에는 이를 인지하지 못했거나, 인지했어도 미처 개입하지 못했을 경우 사후로라도 피해자를 만나서 도움을 제공하고, 신고를 할 수 있도록 도와주는 행동이다. 성희롱 · 성폭력은 특성상 은밀하게 이루어지거나 순식간에 끝나는 경향이 있어서 동료라 하더라도 인지하지 못했을 수 있다. 또 그런 상황을 인지하더라도 당황하거나 보복이 두려워 제지하지 못할 수 있는데, 이것을 그냥 넘기지 않고 사후라도 개입하여 피해자에게 도움을 제공하는 동료의 태도와 조직의 문화가 중요하다.

마지막으로 '직접 대응하기'는 가해자에게 맞서 가해 행위를 중단할 것을 요구하고, 피해자를 대피시키는 것이다. 이는 가장 효과적이지만 동시에 위험이 뒤따르기 때문에 개입자는 앞선 '주의돌리기', '도움을 요청하기' 등을 시도한 이후 마지막으로 직접 대응을 선택하는 것이 좋다. 물론 그런 것을 고려하기에는 시간이 없고, 피해자의 상황이 너무 위험하다면 과감하게 개입하는 것이 바람직하다.

## 4. 동료개입의 사례

### 가. 인종혐오에 대한 개입

코로나19 팬데믹 기간 아시아인에 대한 인종혐오가 미국 전역에서 급증했다. 대표적인 사례로 2021년 3월, 65세 아시아계 노인이 맨해튼 지하철역에서 인종차별적 발언과 폭행을 당했는데 현장에 있던 경비원 등 주변인은 개입하지 않았다. 이후 가해자와 방관자에 대한 대중의 분노와 비판이 쇄도했고, 이를 계기로 5Ds를 활용한 주변인 개입 교육이 확산했다. 또 2021년 3월 미국 샌프란시스코의 거리에서 한 아시아계 노인이 행인에게 폭행당하는 사건이 발생하자 이를 계기로 시민들이 아시아 혐오를 방관하지 않고 용기를 내서 개입하여 이 폭행 장면을 촬영하여(Documentation), 경찰에 제공함으로써 신속하게 조치할 수 있었다(AAJC, 2020).

[그림 7-1] 팬데믹 기간 아시아 인종혐오 범죄와 이에 대처하는 5D전략 보도

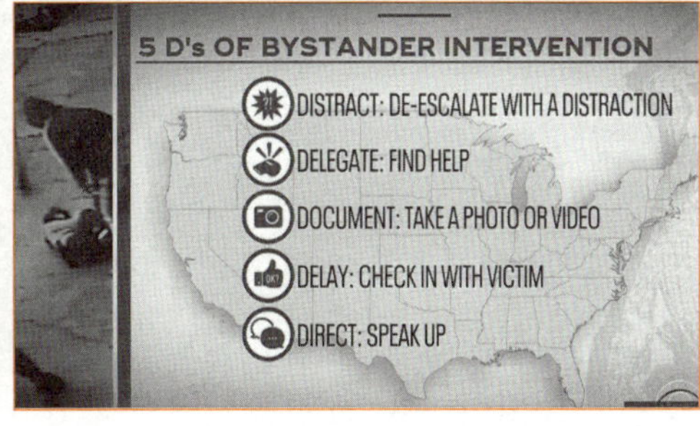


출처: CBS뉴스

### 나. 무슬림혐오에 대한 개입

2001년 뉴욕 맨허튼에서 발생한 9.11 테러 이후 꾸준히 무슬림에 대한 공포와 혐오가 세계적으로 증가하고 있다. 2025년 2월 호주 멜버른 쇼핑몰에서는 31세의 호주 여성이 히잡을 착용한 두 명의 무슬림 여성들을 폭행하는 사건이 발생했다. 특히 두 명의 피해자 중 한 명은 임신 중이었으므로 시민사회에 큰 충격을 주었다. 이 사건 당시 주변에 있던 한 시민이 경찰에 가해자들을 신고하고, 해당 장면을 촬영하여 제공함으로써 사건의 신속한 해결에 도움을 주었다. 이는 개입전략 중 기록 남기기(Documentation)와 사후개입하기(Delay) 등에 해당하는데, 가해자와 직접적인 충돌은 피하면서도 피해자가 공권력의 보호를 받을 수 있도록 도움을 제공한 모범적인 사례이다(Silva, 2025).

또 2022년 3월 호주에서 한 무슬림 여성이 지나가는 행인으로부터 공격을 당하자 피해 여성은 재빨리 인근 식당으로 들어가서 종업원에게 도움을 요청했다. 이 종업원은 입구를 막아서 공격자가 접근하지 못하도록 저지했고, 그사이 다른 종업원이 경찰에 신고함으로써 더 큰 피해를 방지했다(Iner, 2022).

[그림 7-2] 무슬림 여성에 대한 인종혐오

출처: The Guardina(https://www.theguardian.com/world

### 다. 직장 내 성희롱에 대한 동료 개입

2017년 미국 뉴욕의 한 대학병원에서 임상연구센터에서 일하는 아시안 여성 청소노동자에 대해 한 남성 직원이 "엉덩이 좋은데"라는 언어적 성희롱을 가했다. 당시 가해자는 피해 여성이 영어 구사에 서툴고 고용이 불안한 약자라는 점을 악용했다. 가해자는 피해자가 언어적 성희롱을 당하고 있다는 점을 인식하지 못할 것이고, 설령 인식한다고 하더라도 대응하지 못할 것이라고 생각했다. 그런데 이를 지켜보고 있던 다른 동료 노동자가 이 사실을 관리자에게 신고했고, 관리자는 인사담당부서에 가해자의 행위를 보고함으로써 해당 가해자는 경고장을 받게 됐다(Block, 2017).

이 사례에서 동료 노동자는 위임(delegation) 전략을 효과적으로 사용했는데, 가해자는 상대적으로 지위가 더 높고 영어에 능통한 직원이기 때문에 직접 대응할 경우 오히려 피해자와 신고자 모두 위험에 처할 수 있어서 자신보다 더 효과적으로 도움을 제공할 수 있는 중간 관리자에게 도움을 요청함으로써 잘 대처할 수 있었다.

위 세 가지 사례에서 알 수 있듯이 차별이나 성희롱의 피해자는 주로 여성, 외국인 등 사회적 약자인 경우가 많고, 아시안, 무슬림 등 소수자에 대한 멸시와 혐오에서 발현

된다. 반면 가해자는 사회적 지위, 신체적 위력 등에서 더 우월한 경우가 많으므로 직접 대응하기보다는 Docmentation, Delay, Delegation 등의 개입전략을 사용하는 것이 좋다.

## 5. 동료개입을 위한 연습(정병삼 외, 2024: pp. 53-60에서 인용)

[언어적 성희롱 상황]
A 하사(男)는 최근 참모부로 전입을 와서 업무를 파악하고 있고, B 주무관(女)이 업무를 도와주고 있다. 그 과정에서 B 주무관은 A 하사의 근육질 신체를 칭찬하면서 이성관계를 물어보고, 일과 이후 시간을 어떻게 보내는지 캐물으면서 불편한 사황을 조성하였다. A 하사는 당황하여 어쩔 줄 몰라 하면서도 불쾌한 기색을 보인다. 이를 지켜보던 같은 사무실의 C 대위가 A 하사를 보호하기 위해서 개입하려고 한다.

| 개입전략 | 구체적인 개입 행동 | 예상되는 가해자 반응 |
|---|---|---|
| Distraction<br>(주의 돌리기) | | |
| Delegation<br>(도움 요청하기) | | |
| Delay<br>(사후 개입하기) | | |
| Documentation<br>(기록 남기기) | | |
| Direct<br>(직접 대응하기) | | |
| 보완할 점 | | |
| 연습 후 소감 | | |

[비언어적 성희롱 상황]
A 병장과 B 상병은 평소 성적인 농담을 주고받는 편인데, 병영생활관 샤워실에 C 일병이 들어오는 것을 목격했다. A 병장은 C 일병의 엉덩이를 가리키며 웃고, 손짓 등으로 흉내를 내고, B 상병은 같이 웃으며 동조하였다. C 일병은 무엇인가 불편한 분위기를 눈치채고 있었지만 두 병사가 선임병이기 때문에 즉각 대응을 하지 못하고 서둘러 샤워를 마치고 나가려고 하였다. 이 광경을 D 일병이 목격했고, 전우를 보호하기 위해 개입하려고 한다.

| 개입전략 | 구체적인 개입 행동 | 예상되는 가해자 반응 |
|---|---|---|
| Distraction<br>(주의 돌리기) | | |
| Delegation<br>(도움 요청하기) | | |
| Delay<br>(사후 개입하기) | | |
| Documentation<br>(기록 남기기) | | |
| Direct<br>(직접 대응하기) | | |
| 보완할 점 | | |
| 연습 후 소감 | | |

[환경적 성희롱 상황]
A 상병과 B 상병은 동기생으로 휴가를 다녀온 경험담을 주고받으며 큰 소리로 자신들이 만났던 여성의 신체적 특징을 묘사하고, 성적 불쾌감을 일으키는 언동을 계속하고 있다. 또 휴대전화에서 부적절한 사진을 검색하고, 이를 보여주며 불편한 분위기를 조성하고 있다. 이런 상황을 바로잡기 위해 C 병장이 개입하려고 한다.

| 개입전략 | 구체적인 개입 행동 | 예상되는 가해자 반응 |
|---|---|---|
| Distraction<br>(주의 돌리기) | | |
| Delegation<br>(도움 요청하기) | | |
| Delay<br>(사후 개입하기) | | |
| Documentation<br>(기록 남기기) | | |
| Direct<br>(직접 대응하기) | | |
| 보완할 점 | | |
| 연습 후 소감 | | |

[디지털 성폭력 상황]
A 하사는 동료인 B 하사보다 먼저 전입와서 부대의 사정에 대해 더 잘 알고 있는 편이다. B 하사는 최근 전입와서 부대에 적응하기 어려워하고 있으며, 나이 차가 얼마 나지 않고 비슷한 처지인 A 하사에게 도움을 받고 있다. B 하사는 이런 점을 이용하여 일과 이후에도 계속 카카오톡 등을 이용하여 메시지를 보내거나 만남을 요구하고 있다. 때로는 불쾌한 사진을 보내기도 하여 참을 수 없었던 B 하사는 고민하다가 선임자인 C 중사에게 이러한 사실을 털어놓고 조언을 구했다. C 중사는 A 하사의 디지털 성폭력을 중단시키기 위해 개입하려고 한다.

| 개입전략 | 구체적인 개입 행동 | 예상되는 가해자 반응 |
|---|---|---|
| Distraction<br>(주의 돌리기) | | |
| Delegation<br>(도움 요청하기) | | |
| Delay<br>(사후 개입하기) | | |
| Documentation<br>(기록 남기기) | | |
| Direct<br>(직접 대응하기) | | |
| 보완할 점 | | |
| 연습 후 소감 | | |

## 참고문헌

[ 국내문헌 ]

정병삼, 송경재, 강용관, 이정훈, 김대은, 안동현, 임소정. (2024). 장병 성인지 교육 발전방향연구. 육군3사관학교 충성대연구소 연구보고서(24-13번 연구).

[ 국외문헌 ]

Latane, B., & Darley, J. M. (1970). The Unresponsive Bystander: Why doesn't help? New York: Appleton Century Crofts.

[ 온라인 ]

Asian American Advancing Justice. (2020). "Covid19 Resources to Stand against Racism". https://www.advancingjustice-aajc.org/covid19?utm

Block, M. (2017). "The Call-In: Workplace Sexual Harassment". https://www.kawc.org/2017-10-22/the-call-in-workplace-sexual-harassment

CBS News(2021.4.5.). "Asian American advocacy groups training bystanders how to stand up against hate". https://www.cbsnews.com/video/asian-american-advocacy-groups-training

Emily May & Jorge Arteaga (2022). "I've Got Your Back: The Indispensable Guide to Stopping Harassment When You See It. Right To Be". https://righttobe.org/?utm_source=chatgpt.com

Iner, D. (2022). "Islamophobia is permitted by silence and enabled by bystander inaction — but this shows how it can be prevented". https://www.abc.net.au/religion/islamophobia-is-enabled-by-bystander-inaction

Silva, C. (2025). "Woman accused of assaulting Muslim women had history of previous attacks, court hears". https://www.abc.net.au/news/2025-02-20/epping-shopping-centre-muslim-woman

US ARMY. (2025). "Sexual Harassment/Assault Response and Prevention Program". https://www.armyresilience.army.mil/sharp/index.html

# 8장

# 성평등의 현재와 미래

# 1. 성평등이란?

## 가. 성평등의 정의

성평등은 성별에 따른 차별, 편견, 비하, 폭력 없이 인권을 동등하게 보장하고, 모든 영역에 동등하게 참여하고 대우받는 상태를 의미한다(한국양성평등교육진흥원, 2023). 여기서 말하는 성별은 생물학적 성(sex)과 더불어 사회·문화적으로 형성된 성(gender)을 포괄하는 개념이다. 성평등 사회에서는 다양한 성 정체성을 지닌 개인이 교육, 고용, 정치 참여, 법적 보호, 건강, 재산 소유 등 사회 전 영역에서 차별 없이 동등하게 대우받는 문화를 지향한다.

우리나라는 「대한민국헌법」 제11조 1항에서 '모든 국민은 법 앞에 평등하다. 누구든지 성별·종교 또는 사회적 신분에 의하여 정치적·경제적·사회적·문화적 생활의 모든 영역에 있어서 차별을 받지 아니한다.'라고 명시하고 있다. 이렇듯 평등권은 법이 보장하는 국민의 기본권 중 하나로 합리적 이유가 없는 한 침해되어서는 안 되며, 이는 성평등에도 동일하게 적용된다.

## 나. 평등의 3가지 차원

평등을 논할 때 고민스러운 지점 중 하나는 '이를 어떻게 실천하고 제도화할 것인가?'이다. 이상적으로는 모든 개인이 사회의 전 영역에서 완전히 평등한 대우를 받으면 좋겠지만, 이를 실현하기란 현실적으로 매우 어렵다. 그럼에도 우리는 평등한 사회를 만들기 위해 노력해야 하는데 이는 기회의 평등, 조건의 평등, 결과의 평등이라는 세 가지 방식으로 가능하다.

기회의 평등이란 모두에게 동등한 기회를 부여하는 것을 말한다. 성별, 인종 등에 관계없이 교육, 취업, 승진, 의사 결정 과정 등에 접근할 수 있는 동일한 기회가 보장되어야 한다. 참정권이 그 대표적인 예다. 불과 얼마 전까지만 해도 여성에게 선거권이 주어지지 않았으며, 서구권 국가에서도 백인이 아닌 인종과 민족에게 선거권을 부여한 역사는 그리 오래되지 않았다. 우리나라 역시 과거 유교 문화의 영향이 강했던 시기에는 부모가 딸에게 고등교육을 시키는 경우가 드물었다. 물론 이는 제도적인 차별은 아니지만, 이를 통해 성평등에 대한 당시 사회의 인식을 가늠해 볼 수 있다.

누군가는 기회의 평등만으로는 완전한 평등을 달성하기 어렵다고 주장한다. 개인마다 출발선이 다르기 때문이다. 현대 사회에는 과거와 같은 계급은 존재하지 않지만, 여전히 사회·경제적 계층이 존재하며, 이에 따라 개인이 처한 조건에도 차이가 생긴다. 예를 들어, 대학 입시를 앞둔 대부분의 수험생은 이른바 명문대나 의과대학 같은 장래가 유망한 학과에 입학하길 희망할 것이다. 이러한 대학과 학과에 지원할 기회는 모두에게 열려 있다. 즉, 기회의 평등이 충족된 셈이다. 그러나 선발 인원이 정해져 있기 때문에 성적이 우수한 지원자만 합격하게 된다. 이는 능력에 따른 결과이므로 부당하지 않은 결과로 보일 수 있다. 하지만 조건의 평등 관점에서는 생각할 여지가 남아 있다. 대도시 또는 좋은 학군에 살고 있어서 교육 여건이 좋은 학생과, 농어촌과 같이 교육 인프라가 풍부하지 못한 지역에 살고 있는 학생 간에는 교육 조건에 있어 분명한 격차가 존재한다. 이러한 간극을 줄이기 위해 일부 기관에서는 농어촌 전형 등 특별 선발 제도를 운영한다. 이는 조건의 평등을 실현하려는 노력의 일환이다.

마지막으로 결과의 평등은 기회와 조건의 평등이 보장되더라도 여전히 존재하는 불평등 문제를 해소하기 위해 만들어진 개념이다. 이는 최종적인 결과를 동일하게 하기 위해 필요한 조치를 취하는 것을 말한다. 고용 할당제는 결과의 평등을 실현하는 대표적인 제도로, 성별·장애·소수자 등의 집단을 일정 비율 이상 채용하는 방식을 예로 들 수 있다.

## 활동해보기 1

1. 우리 사회에 존재하는 기회·조건·결과의 평등을 추구하기 위한 정책 사례를 찾아보자.

| 구분 | 일반 사례 | 군 사례 |
|---|---|---|
| 기회의 평등 사례 | | |
| 조건의 평등 사례 | | |
| 결과의 평등 사례 | | |

## 활동해보기 2

### 경찰 '순환식 체력검사'...남성이 여성보다 훨씬 통과율 높아

경찰청은 2026년부터 순경 공채에서 남녀통합선발과 순환식 체력검사가 본격 도입할 예정이다. 2017년 경찰개혁위원회에서 '성별분리모집' 폐지 권고와 2020년 경찰청 성평등위원회에서 '남녀통합선발 전면 시행' 제안 이후 꾸준히 논의되어 온 변화다.

제도 시행을 앞두고 "여성이 대거 합격할 것", "여성이 70% 가까이 뽑힐 만큼 체력시험이 너무 쉬운 것 아니냐" "합불 방식 체력검사 때문에 필기 점수가 상대적으로 높은 여성이 유리할 것"이라는 일부 우려가 제기되었지만, 경찰청은 실제 시범운영 결과와 다르다며 반박했다.

2021년 국가경찰위원회에서 남녀통합선발 및 순환식 체력검사를 단계적으로 도입한 후 경찰청은 2023년부터 순경 공채에 앞서 다른 경찰공무원 시험에 시범 적용해 왔다. 시범 결과 남성의 체력검사 통과율은 90%대 후반, 여성은 약 70% 전후로 나타났다.

경위 공채에서는 2023년 남성 100%, 여성 89.3%, 2024년에는 남성 97.1%, 여성 73%였고, 경찰행정 분야 경력채용에서는 2023년 남성 95.3%, 여성 64.1%, 2024년에는 남성 100%, 여성 69.3%였다. 또한 경위 공채 최종 합격자 50명의 성비는 2023년 남성 36명(72%), 여성 14명(28%)이며 2024년 남성 40명(80%), 여성 10명(20%)으로 남성 합격 비율이 오히려 더 높아지는 경향을 보였다.

경찰청은 순환식 체력검사는 미국·캐나다 등에서 이미 사용 중이며, 성별에 관계없이 동일 기준을 적용하는 방식으로 현장 직무 적합성을 높이기 위한 제도라고 강조했다.

출처 : 뉴시스 | https://n.news.naver.com/mnews/article/003/0013459649?sid=102

- 남녀통합선발: 성별을 구분해 뽑던 기존 방식과 달리, 남녀가 함께 동일한 절차와 기준으로 함께 경쟁해 선발되는 방식.
- 순환식 체력검사: 종목별 점수가 아니라 여러 동작을 하나의 코스로 연속 수행하며 평가하는 방식. 실제 현장직무 적합성을 보기 위해 미국·캐나다 경찰에서도 사용한다.

## 활동해보기 2

1. 경찰의 성별통합선발 제도는 기회, 조건, 결과의 평등 중 무엇을 추구할까?

2. 성별통합선발 제도에서 체력 평가가 이슈가 되는 이유는 무엇일까?

3. 성별통합선발 제도의 장점과 한계점은 무엇일까?

4. 성평등 관점에서 성별통합선발 제도를 더 보완할 수 있는 방안은 무엇일까?

## 2. 국가성평등 지수

### 가. 국가성평등 지수의 정의

한 국가의 성평등 수준은 국가성평등 지수를 통해 알 수 있다. 국가성평등 지수란 의사결정, 고용, 소득, 교육, 건강, 돌봄, 양성평등 의식의 7가지 영역에서 성별 간의 격차를 종합적으로 측정한 지표로, 한 국가의 성평등 수준을 수치화한 것이다. 점수는 0점에서 100점 범위로 산출되며, 100점은 완전한 성평등을, 0점은 극심한 성 불평등을 의미한다. 이 지수는 각 영역별 성비를 바탕으로 영역별 점수를 산출하고, 이를 종합하여 국가 전체의 성평등 수준을 평가한다. 국가성평등 지수는 단순한 수준 진단을 넘어, 어떤 영역에서 성평등이 미흡한지를 구체적으로 파악하고 이를 근거로 정책을 수립·개선하며, 성평등 목표 달성을 위한 진척 상황을 모니터링하는 데 중요한 역할을 한다.

[표 8-1] 국가성평등 지수를 산출하는 7가지 평가 영역

| 영역 | 세부 내용 |
|---|---|
| 의사결정 | 정치·행정·사법 분야의 여성 대표 및 고위직 비율 |
| 고용 | 고용률, 경제활동 참가율, 직종 분리 등 노동시장에서의 성평등 수준 |
| 소득 | 임금 격차, 국민연금 수급률, 빈곤율 등 경제적 자원의 분배 |
| 교육 | 평균 교육연수, 고등교육기관 취학률 등 교육 기회의 성평등 정도 |
| 건강 | 기대수명, 건강 상태, 의료 접근성 등 건강 수준의 성별 격차 |
| 돌봄 | 무급 돌봄노동 부담, 돌봄 서비스 이용 등 돌봄 역할 분담의 성평등 정도 |
| 양성평등 의식 | 성역할 고정관념, 평등 가치 인식 등 성평등에 대한 사회적 인식 수준 |

### 나. 국가성평등 지수의 변화 추이

국가성평등보고서(여성가족부, 2024)에 따르면, 2023년 우리나라 국가성평등지수는 65.4점으로, 2022년(66.2점)보다 0.8점 하락하였다. 영역별로 보면 교육이 95.6점으로 가장 높았고, 건강(94.2점), 소득(79.4점), 고용(74.4점), 양성평등 의식(73.2점), 돌봄(32.9점), 의사결정(32.5점) 순이었다. 2021년부터 2023년까지의 변화를 보면 소득과 고용, 건강 영역은 지속적으로 점수가 상승했으며, 의사결정 영역은 2022년 큰 폭 하락 후 2023년에 일부 회복하였다. 교육과 건강은 전반적으로 높은 점수를 유지하고

있으며, 특히 교육은 3년 연속 90점대를 유지하였다. 그러나 양성평등의식은 2022년까지 상승세였으나 2023년에 큰 폭으로 하락하였고, 돌봄 영역은 2022년 소폭 상승 후 2023년에 다시 소폭 하락하였다.

[그림 8-1] 2021~2023년 국가성평등 지수 추세 (단위: 점)

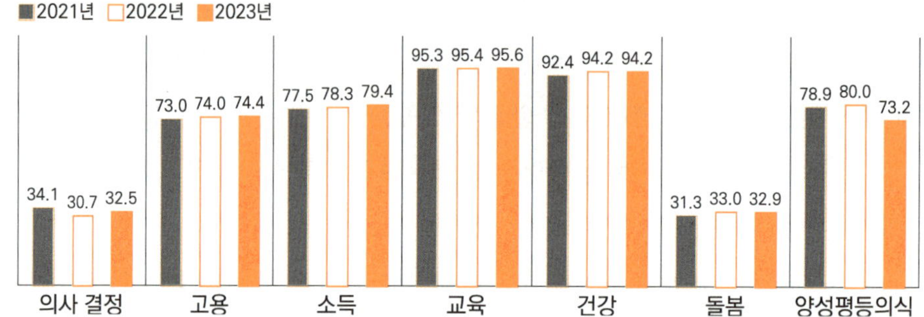


출처 : 2024년 국가성평등보고서(여성가족부, 2024)

1) 의사결정

의사결정 영역에서 4급 이상 공무원과 법원·검찰·경찰 고위직 비율은 2021년 이후 개선되는 추세다. 4급 이상 공무원 성비는 44.0점에서 50.3점으로, 법원·검찰·경찰 관리자 비율은 39.4점에서 44.0점으로 상승하였다. 관리자 비율도 25.8점에서 22.5점으로 하락했으나 2023년에 25.1점으로 다시 개선되었다. 반면 국회의원 성비는 23점 수준에서 변화가 없었고, 장관 성비는 38.5점에서 20.0점으로 낮아졌다.

[그림 8-2] 2021~2023년 의사결정 영역에서의 성평등 수준 변화 (단위: 점)

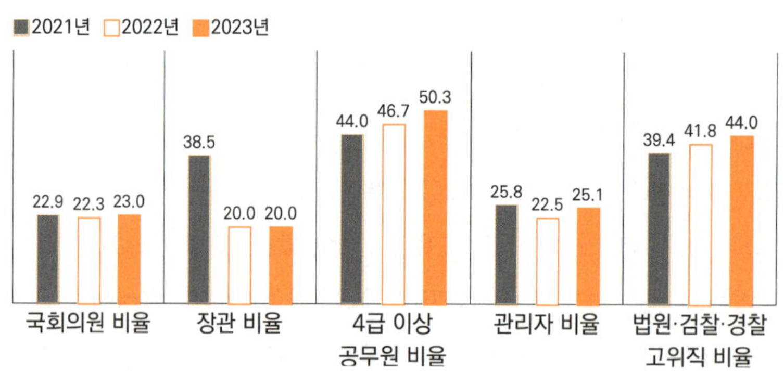


출처 : 2024년 국가성평등보고서(여성가족부, 2024)

### 2) 고용

고용 영역의 모든 지표가 2021년 대비 2023년에 개선되었다. 특히 고용률은 76.7점에서 79.8점으로 가장 큰 폭으로 상승하였다. 반면 노동시장 직종분리는 0.7점 상승에 그쳐 여전히 4개 지표 중 가장 낮은 점수를 기록하며 개선 폭이 크지 않았다.

[그림 8-3] 2021~2023년 고용 영역에서의 성평등 수준 변화 (단위: 점)

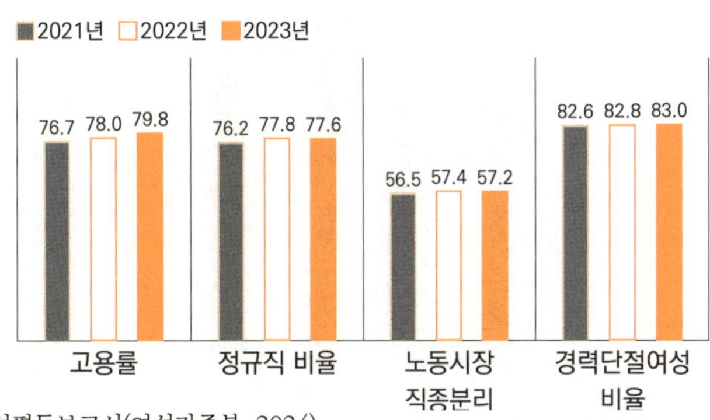


출처 : 2024년 국가성평등보고서(여성가족부, 2024)

### 3) 소득

소득 영역에서는 국민연금 수급률이 2021년 67.4점에서 2023년 72.4점으로 가장 크게 개선됐고, 임금 격차는 같은 기간 69.8점에서 71.0점으로 상승했다. 반면 비빈곤율은 2021년 95.3점에서 2022년 94.9점으로 소폭 하락한 뒤 2023년에도 94.8점으로 하락세를 보였다.

[그림 8-4] 2021~2023년 소득 영역에서의 성평등 수준 변화 (단위: 점)

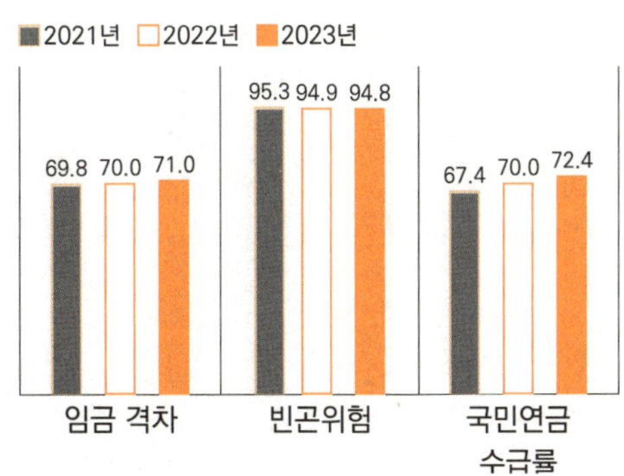


출처 : 2024년 국가성평등보고서(여성가족부, 2024)

### 4) 교육

교육 영역의 성평등 수준은 전반적으로 상승 추세를 보였다. 평균 교육년수 성비는 2021년 90.6점에서 2023년 91.1점으로 개선되었으며, 고등교육기관 취학률 성비는 여성의 취학률이 더 높아 2021년 이후 완전 성평등 수준(100.0점)을 유지하고 있다.

[그림 8-5] 2021~2023년 교육 영역에서의 성평등 수준 변화 (단위: 점)

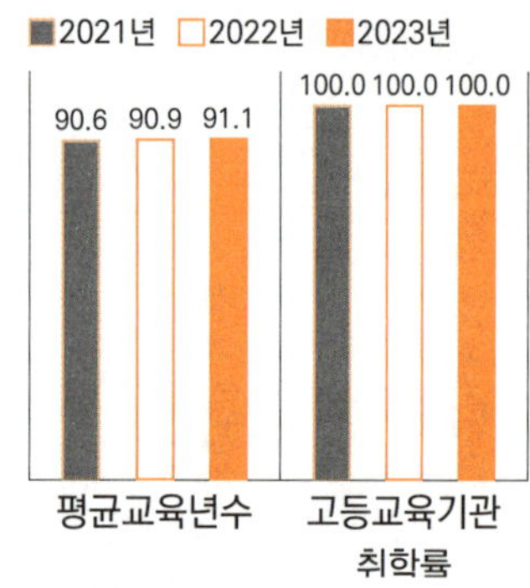


출처 : 2024년 국가성평등보고서(여성가족부, 2024)

### 5) 건강

건강 영역은 전반적으로 높은 성평등 수준을 보였다. 주관적 건강 상태는 2021년 84.1점에서 2022년 88.3점으로 상승한 뒤 2023년에도 동일하게 유지되었고, 스트레스 비인지율은 2021년 93.1점에서 2022년 94.3점으로 오른 뒤 2023년에도 같은 수준을 유지하였다. 건강수명은 2021년 이후 완전 성평등 수준(100.0점)을 유지하고 있다.

[그림 8-6] 2021~2023년 건강 영역에서의 성평등 수준 변화 (단위: 점)

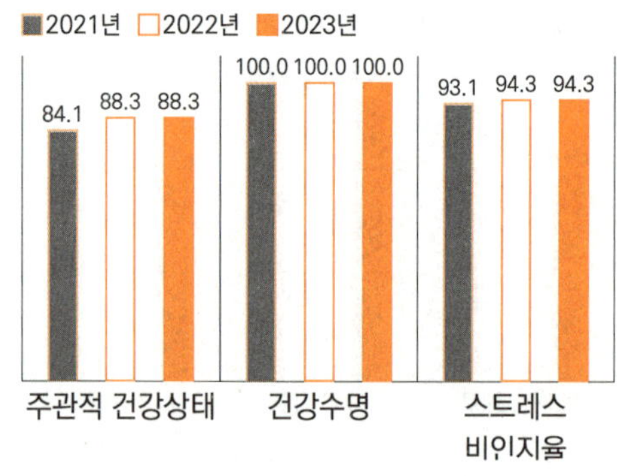


출처 : 2024년 국가성평등보고서(여성가족부, 2024)

### 6) 돌봄

돌봄 영역은 전년 대비 변화가 거의 없거나 소폭에 그쳤다. 가사노동시간은 자료가 갱신되지 않아 동일한 점수가 유지되었고, 육아휴직 참여는 2021년 31.7점에서 2022년 37.0점으로 올랐다가 2023년 34.7점으로 하락하였다. 노인돌봄 분담은 2021년 31.4점에서 2023년 33.4점으로 상승하였다.

[그림 8-7] 2021~2023년 돌봄 영역에서의 성평등 수준 변화 (단위: 점)

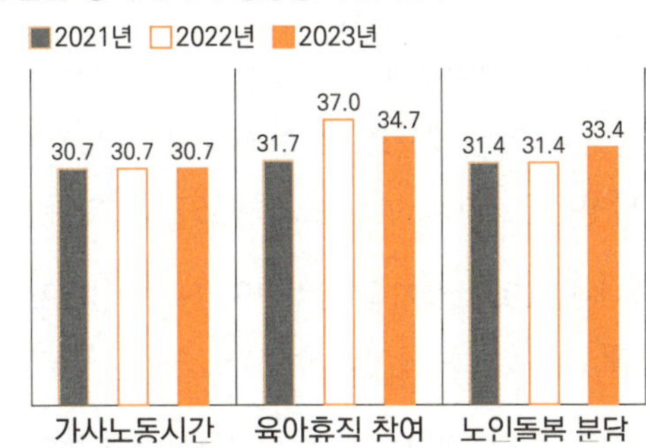


출처 : 2024년 국가성평등보고서(여성가족부, 2024)

### 7) 양성평등 의식

양성평등 의식 영역은 3개 세부 지표 모두 하락하였다. 가족 내 성역할 고정관념은 2021년 60.1점에서 2023년 43.7점으로 가장 크게 떨어졌고, 여성 인권 인식은 2022년 84.6점에서 2023년 81.3점으로 하락하였다. 성차별 경험률은 2022년 95.4점에서 2023년 94.7점으로 소폭 하락하였다.

[그림 8-8] 2021~2023년 양성평등 의식 영역에서의 성평등 수준 변화 (단위: 점)

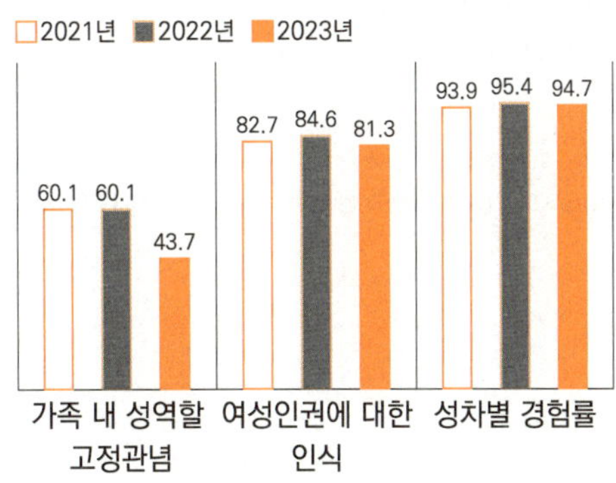


출처 : 2024년 국가성평등보고서(여성가족부, 2024)

## 활동해보기 3

### 지난해 육아휴직 32%가 남성…유연근무제 활용도 17%

여성가족부가 발표한 '2025 통계로 보는 남녀의 삶'에 따르면 2024년 남성 육아휴직급여 수급자가 처음으로 전체의 30%를 넘었다. 2024년 육아휴직급여 수급자 13만2535명 중 남성은 4만1829명(31.6%)으로, 2015년(2872명) 대비 약 8.6배 증가한 수치다. 여성 육아휴직 수급자도 같은 기간 8만2467명에서 9만706명으로 꾸준히 늘었다.

육아기 근로시간 단축제 이용도 확대됐다. 만 12세 이하 자녀를 둔 근로자가 1년간 근로시간을 줄이고 급여를 받을 수 있는 제도로, 2024년에 2만6227명이 이용하며 전년 대비 14.8% 증가했다. 이중 남성은 3270명, 여성은 2만3357명이었다.

유연근무제 활용률도 증가해, 2024년 기준 남성 17.1%, 여성 12.6%가 유연근무제를 이용해 2015년에 비해 각각 12.4%, 8% 늘어난 수치다.

또한 2023년 조사에 따르면 일과 가정의 균형을 우선시한다고 응답한 비율도 남성 23.9%, 여성 51.9%로 2017년보다 각각 5%, 3% 증가했다.

전문가들은 남녀 모두가 일·가정 양립을 시도할 수 있는 제도적 기반이 마련되고 있다고 평가한다. 신경아 한림대 교수는 "임금 삭감 없는 육아기 근로시간 단축, 근로자 중심 유연근무제 확대 등 실제 사용할 수 있는 제도 보완이 중요하다"고 설명했다.

반면 여성 폭력 지표는 악화됐다. 2023년 성폭력 발생 건수는 3만7552건으로 2015년에 비해 23.5% 증가했다. 디지털 성범죄는 8004건으로 7.1배 늘었고 아동과 청소년을 대상으로 한 성착취물을 소지, 제작, 배포한 범죄는 1674건으로 2.6배 증가했다. 교제 폭력 범죄자는 1만3921명으로 2017년보다 22.3% 늘었으며, 스토킹 처벌법에 따라 검거된 인원 역시 1만1382명으로 2022년 대비 13.8% 증가했다.

출처 : 동아일보 | https://n.news.naver.com/mnews/article/020/0003658203?sid=102

**활동해보기 3**

1. 앞 서 본 국가성평등 지수에서 돌봄 영역(가사분담, 육아휴직, 노인돌봄 분담)의 점수가 유독 낮은 이유는 무엇일까? 정치·사회·경제·문화적 요인을 종합적으로 고려하여 논의해 보자.

2.남성의 육아휴직 비율이 증가할 경우 우리 사회와 문화에는 어떤 변화가 나타날까? 이러한 변화가 가져올 긍정적 효과와 함께 예상되는 한계나 부작용에 대해서도 토론해 보자.

3. 당신이 군 부대 지휘관이라면 부하가 육아휴직을 신청했을 때 어떻게 대응할지, 육아휴직 수용 시 발생할 수 있는 운영상의 어려움과 이를 해결하기 위한 방안을 함께 논의해 보자.

## 활동해보기 4

1. 우리 사회에서 나타나는 유리천장 현상을 살펴보고, 각 성별이 겪고 있는 유리천장 사례를 찾아보자.

2. 군에 존재하는 유리천장 사례를 찾아보자.

3. 유리천장을 해소하기 위해 어떠한 노력이 필요한지 논의해 보자.

## 3. 성평등 정책

### 가. 성평등 정책의 정의

성평등 정책이란 성별에 따른 모든 형태의 차별과 불평등을 해소하고, 모든 성별이 동등한 권리와 기회를 보장받도록 사회 구조와 문화를 개선하는 국가와 사회의 제도적·전략적 노력을 말한다. 이 정책은 단순히 법률적으로 차별을 금지하는 수준을 넘어, 성별로 인해 발생하는 실질적 불평등을 줄이고 지속 가능한 평등을 실현하는 것을 목표로 한다. 이를 위해 성인지 관점을 반영하여 정책을 계획·집행·평가하며, 법·제도·교육·노동·복지·정치·문화 등 사회 전 영역에 적용된다.

### 나. 양성평등정책 기본계획

우리나라는 양성평등기본법에 근거하여 성평등 실현을 위한 국가 차원의 종합 전략인 양성평등정책 기본계획을 수립·시행하고 있다. 이 계획은 성평등 관련 현황과 과제를 분석하고, 정책 목표와 추진 전략을 제시하는 최상위 계획으로서, 중앙부처와 지방자치단체의 성평등 정책 수립·이행의 방향을 제시하는 역할을 한다. 이는 단순한 선언이 아니라, 어떤 영역에서 성평등이 미흡한지 진단하고 이를 개선하기 위한 구체적 로드맵을 제시하는 국가 차원의 중장기 계획이다.

현재 1차 계획(2015~2017)과 2차 계획(2018~2022)에 이어 3차 계획(2023~2027)이 추진 중에 있으며, '따뜻한 동행, 모두가 행복한 양성평등 사회'를 비전으로 3대 목표와 5대 대과제를 중심으로 운영되고 있다.

### 다. 국방 양성평등 지원에 관한 훈령

국방부는 군 내 양성평등을 실현하고 성평등 기반을 강화하기 위해 '국방 양성평등 지원에 관한 훈령'을 제정하고 시행하고 있다. 이 훈령은 양성평등위원회, 성별영향평가, 일-가정 양립, 성고충전문상담관 및 양성평등담당관 운영에 관한 사항을 규정한다.

[표 8-2] 국방 양성평등 지원 주요 제도

| 구분 | 핵심 운영 사항 |
|---|---|
| 양성평등위원회 | 군 내 성평등 정책의 심의·조정 |
| 성별영향평가 | 정책이 성평등에 미치는 영향 분석·개선 |
| 일-가정 양립 | 군인·군무원의 근무와 가정생활 균형 지원 |
| 성고충전문상담관 | 성희롱·성폭력 피해자 상담·보호 및 고충처리 지원 |
| 양성평등담당관 | 부대 내 성평등·성고충 예방 업무 지원 |

[그림 8-9] 제3차 양성평등정책 기본계획(2023~2027) 체계

| 비전 | 따뜻한 동행, 모두가 행복한 양성평등 사회 | |
|---|---|---|
| 목표 | 함께 일하고 돌보는 환경 조성 / 안전과 건강권 증진 / 양성평등 기반 확산 | |
| 정책 과제 | 대과제(5개) | 중과제(14개) |
| | 1. 공정하고 양성평등한 노동환경 조성 | 1. 양성평등한 일자리 기반 구축<br>2. 경제활동 참여 활성화<br>3. 일·생활 균형 지원 강화 |
| | 2. 모두를 위한 돌봄 안전망 구축 | 1. 아동 돌봄 지원 강화<br>2. 양질의 성인 돌봄 서비스 증진<br>3. 돌봄노동자 처우 개선 및 역량 강화 |
| | 3. 폭력 피해 지원 및 성인지적 건강권 보장 | 1. 피해자의 법·제도적 권리 보장<br>2. 성별 기반 폭력 대응 강화<br>3. 성인지적 건강정책 강화 |
| | 4. 남녀가 상생하는 양성평등문화확산 | 1. 양성평등한 성장 환경 조성<br>2. 생활 속 양성평등 문화 확산<br>3. 성별 대표성 제고 |
| | 5. 양성평등정책 기반 강화 | 1. 정책 연계협력체계 강화<br>2. 성주류화 추진 역량 제고 |

출처 : 제3차 양성평등정책 기본계획(여성가족부, 2023)

[그림 8-10] 제3차 양성평등정책 기본계획(2023~2027)의 주요 핵심과제

| 대과제 | 주요 핵심과제 |
|---|---|
| 공정하고 양성평등한 노동환경 조성 | • '성별근로공시제' 단계적 도입방안 마련(고용노동부)<br>• 여성 및 기업 경력단절예방서비스 지원(여성가족부)<br>* 재직여성, 기업 대상 심리·노무·경력개발상담·멘토링 등 지원<br>• 신산업·신기술 분야 인력 육성 및 취업연계 강화(고용노동부)<br>• 고용보험 대상자 확대(특수고용직 등)에 따른 육아휴직제도 확대 방안 검토(고용 노동부)<br>• 중소기업 재택 및 원격근무 활성화 지원(고용노동부)<br>* 재택·원격근무를 희망하나 여력·기반이 취약한 중소사업주 지원 |
| 모두를 위한 돌봄 안전망 구축 | • 초등늘봄학교 도입·운영(교육부)<br>* 다양한 방과후학교 운영 및 돌봄교실 운영시간 단계적 연장<br>• 청소년 부모양육지원 강화(여성가족부)<br>* 청소년부모 아동양육비 지원 및 법적 근거 마련<br>• 군어린이집 및 가족친화인증 부대 확대(국방부)<br>• 간호간병통합서비스 확대 및 질적 수준 제고(보건복지부)<br>• 노동권 침해 및 폭력, 감정노동으로부터의 보호방안 마련(보건복지부, 고용노동부) |
| 폭력 피해 지원 및 성인지적 건강권 보장 | • 5대 폭력 피해자 통합지원체계 강화(여가부, 법무부, 경찰청)<br>* 권력형성범죄, 디지털성범죄, 가정폭력, 교제폭력, 스토킹범죄<br>• 디지털성범죄 대응 강화(여가부, 법무부, 경찰청, 방통위)<br>* 피해자들의 '잊혀질 권리' 보장<br>• 공공부문 성희롱·성폭력 사건 대응 및 재발방지 강화(여가부, 기재부, 행안부)<br>* 성희롱 발생기관 대상 조직문화 및 조직 대응 역량 진단, 사건처리체계 개선 등<br>• 인공임신중절 관련 법·제도 정비(법무부, 보건복지부, 식품의약품안전처)<br>* 인공임신중절 시술·약물 관련 법·제도 정비, 의료서비스 접근성 강화<br>• 난임 치료·시술 여성과 태아의 건강증진 기반 마련(보건복지부)<br>* 난임 치료 시술자에 대한 상담 강화, 공공 정보포털 통해 필요한 정보 체계적 제공 |
| 남녀가 상생하는 양성평등 문화 확산 | • 범교과 학습주제를 통한 양성평등 교육 실시(교육부)<br>* 건강, 진로, 인권, 인성, 환경·지속가능발전 분야 등 양성평등교육 연계 강화<br>• 학교생활지도 등 교과 외에서의 성차별 개선(교육부)<br>• 지역 양성평등센터 기반 청년 공감대 제고 사업 추진(여성가족부)<br>* 지역 청년 의제에 대해 양성평등 관점의 토론과 정책 모니터링단 사업 운영<br>• 「공공부문 성별대표성 제고 계획수립(여성가족부)<br>* 중앙부처·지방 공무원, 공공기관, 교원, 정부위원회 등 |
| 양성평등정책 기반 강화 | • 양성평등위원회 기능 강화(여성가족부)<br>* 권고 기능 추가 등 검토 |

출처 : 제3차 양성평등정책 기본계획(여성가족부, 2023)

## 활동해보기 5

1. 「국방 성인지 통계」를 바탕으로 인사관리에 관한 통계 현황을 살펴보고 현 실태를 진단해보자.

2. 일-가정 양립 제도에 관한 통계 현황을 살펴보고 현 실태를 진단해보자.

3. 양성평등 교육에 관한 통계 현황을 살펴보고 현 실태를 진단해보자.

## 참고문헌

[ 국내문헌 ]

국방부(2023). NEW 성인지 리더십의 이해와 실천. 서울: 국방부.

국방부(2025). 2024 국방 성인지 통계. 서울: 국방부.

송경재, 장유정, 이상봉, 석혜선. (2022). 성인지 감수성을 묻고 답하다. 서울: 양서각.

여성가족부(2023). 제3차 양성평등정책 기본계획(2023~2027). 서울: 여성가족부.

여성가족부(2024). 2024년 국가성평등보고서. 서울: 여성가족부.

여성가족부(2025). 2024년 성별영향평가 종합분석 결과보고서. 서울: 여성가족부.

한국여성정책연구원(2016). 양성평등정책 수용성 및 실효성 제고 방안에 관한 연구. 서울: 한국여성정책연구원.

한국여성정책연구원(2025). 2025 한국의 성인지 통계. 서울: 한국여성정책연구원.

[ 온라인 ]

뉴시스(2025.09.03.). "경찰 '순환식 체력검사'…남성이 여성보다 훨씬 통과율 높아.". https://n.news.naver.com/mnews/article/003/0013459649?sid=102.

동아일보(2025.09.02.). "지난해 육아휴직 32%가 남성…유연근무제 활용도 17%.". https://www.donga.com/news/article/all/20250902/130123456/1.groups-training

9장

# 성평등한 조직문화 만들기

## 1. 양성평등 조직문화의 필요성

**활동해보기 1** **#1**

"저 같은 여군은 죽어야겠습니다" 다시 없도록

2021년 5월 21일 성폭력 피해 신고 후 회유·압박·2차 가해를 겪던 공군 이예람 중사가 스스로 목숨을 끊었다. 그의 휴대전화에는 피해 사실을 신고한 이후 군 내부에서 어떤 압박을 받았는지 기록한 메모가 남아 있었다.

사건은 언론 보도로 알려진 뒤에야 국방부가 대책을 내놓기 시작했지만, 2021년 10월 발표된 최종 수사 결과는 부실했다. 부실 수사 책임자와 2차 가해자는 처벌 대상에조차 오르지 않았고, 유족은 "군을 신뢰할 수 없다"며 특별검사 수사를 요구했다.

특검팀은 이 중사가 사망한 지 1년이 지나서야 구성되었고, 2022년 6월부터 공군 내 성폭력, 초동수사 부실, 사건 무마·은폐 의혹 등을 본격적으로 조사할 예정이다. 군이 성폭력 사건으로 특검 수사를 받는 것은 처음이다.

군인권센터가 2021년에 상담한 사례는 총 1708건이며, 그중 성추행 상담은 83건으로 2020년에 비해 두 배 가까이 증가했다. 성희롱은 55건에서 62건으로 늘었고, 성폭행 상담은 17건이었다. 특히 이예람 중사 사망 이후 2021년 6월에서 9월 사이 여군 상담 건수는 61건으로, 2020년 한 해 동안의 여군 상담 62건에 거의 육박했다. 2021년 전체 여군 피해 상담은 95건이다.

군성폭력상담소 상담은 2021년에 866건으로 전년(386건)의 두 배가 넘었고,, 피해자 200명 가운데 여성은 83명, 남성은 117명이었다. 여성의 경우 강제추행(37명)·디지털성폭력(17명)·성희롱(15명)이 많았고, 남성은 강제추행(70명), 성희롱(39명)이 주를 이뤘다.

전체 군 성폭력 사건에서는 선임·상급자 가해가 가장 많지만, 여군 피해 사건만 보면 후임·하급 가해가 13건으로 남군(2건)의 6배 이상이었다.

출처 : 한겨레21 | https://www.hani.co.kr/arti/society/society_general/1044862

**활동해보기 1** **#2**

### 차별이 만연한 군대 내 여성

우리나라 징집 병력은 2006년 54만 명, 2012년 50만 명, 2018년 46만 명, 2023년 36만 명으로 꾸준히 감소했다. 2023년 10월 육군본부는 "초저출산이 병역자원 급감을 불러온다"며 여군 인력 활용 확대 연구의 필요성을 밝혔다. 덕성여대 박진수 교수는 "과거 병력 중심 안보 패러다임에서 벗어나 새로운 병력 정책을 검토해야 한다"고 말했다..

국방부의 2019년 '성폭력 실태조사'에 따르면 성폭력 피해 신고율은 32.7%에 그쳤고, 신고하지 않은 이유 중 44%는 "조치가 없을 것 같아서"였다. 국가인권위원회의 '여군 차별 경험' 조사에서도 보직·직위 관련 문제가 24.6%로 가장 높았다. 여성 장교가 많은 병과는 간호·의료행정·재정·인사 등 행정·기술 분야에 집중되어 있으며, 보병·방공·포병 등 핵심 전투병과에서 여성 장교 비율은 5% 미만이다. 여군 부사관을 대상으로 한 조사에서도 부대 근무 시 가장 큰 어려움은 인사관리(24.5%)였다.

2018년 부사관 인권상황 조사에서는 여군 전용 야외훈련 시설이 없다는 응답이 30%였고, 여군 전용 화장실이 없어 외부 시설을 이용하거나 참는 경우도 있었다.

2018년 국방부는 '국방개혁 2.0'을 발표하며 성폭력 예방교육 확대, 전담조직 강화, 민간 전문상담관 확대, 무관용 원칙 등을 제시했다. 과거 성범죄 예방 자료에는 여군에게 옷차림·태도를 조심하라는 요구하는 지침이 포함된 적 있었다.

여성가족부는 공공부문 성별대표성 제고 계획에 따라 군 간부 중 여성 비율을 2022년 8.8% → 2027년 15.3%로 확대할 예정이라고 밝혔다.

출처 : 덕성여대신문 | http://www.dspress.org/news/articleView.html?idxno=11737

**활동해보기 1** **#3**

[119기고] 성평등 조직문화 형성에 관한 고찰

현대 사회의 변화 속에서 성평등은 선택이 아니라 조직의 경쟁력을 결정하는 요소로 자리 잡고 있다. 성별에 관계없이 구성원이 존중받고 조직의 성장에 기여할 수 있는 환경을 갖추면 직원 만족도와 생산성이 높아지고, 이는 결국 조직 성과로 이어진다. 그럼에도 불구하고 여전히 많은 조직이 고정관념과 편견으로 인해 성평등 실현에 어려움을 겪고 있다.

소방청이 출범한 2017년 7월 26일 이후 소방공무원 인력은 6만 명을 넘어섰고, 여성 소방공무원은 2014년 2763명에서 2021년 6000명 이상으로 두 배 이상 증가했다. 여성 인력이 빠르게 증가한 만큼 소방조직 내부에서도 성평등 관련 문제를 더 체계적으로 다루어야 할 필요성이 커졌다.

성평등은 단순한 사회적 가치를 넘어서 조직이 지속적으로 성장하기 위한 기반이다. 구성원 모두가 동등하게 존중받고 사회 발전에 공헌하는 조직이 될 수 있도록 변화를 두려하지 않을 때, 소방은 더 나은 미래로 나아갈 수 있을 것이다.

출처 : 소방방재신문 | https://fpn119.co.kr/225282

## 활동해보기 1

1. 성평등한 조직문화를 형성해야 하는 이유는 무엇일까? 다음 세 가지 기사를 읽고 군 조직 내에서 양성평등 문화를 갖춰야 할 필요성에 대해 생각해 보자.

1987년 「남녀고용평등법」 제정 이후 우리나라는 법적 · 제도적 개선을 통한 여성의 권리 강화 등 여성정책이 마련되면서 여성들의 경제활동 참여가 증진되고 정부는 국가의 양성평등문화 정착을 위한 다양한 비전을 제시해왔다. 이러한 사회 변화는 자연스레 군에서도 여성인력이 각각의 임무를 부여받아 근무하는 배경이 되었고, 국방부 또한 양성평등한 군대문화를 정착시키기 위해 '국방정책 성별영향평가 제도 정착', '국방여성 권익증진 대책 마련' 등의 각종 정책을 추진토록 하였다(구혜경 외 2016). 오늘날 급격한 인구구조의 변화와 4차 산업혁명 등 사회 환경의 변화가 잇따르면서 국방부는 '국방개혁 2.0'을 넘어 2023년 3월 '국방혁신 4.0' 계획을 통해 사회 변화에 대응하는 국방정책과 군 조직의 변화를 도모하였다. 이러한 추세는 미래 전장환경에 최적화된 군 구조와 임무 부여를 다변화함으로써 군 조직구성원의 다양성을 존중하는 방향으로 발전하였고, 다양화된 조직구성원을 지닌 군 조직의 현실과 특성에 부합하는 조직문화와 양성평등의식의 필요성이 대두되었다. 더 이상 기존의 계급적 · 수직적 군 조직문화, 남성지향의 위계적인 조직문화가 급변하는 사회의 속도와 방향성에 적절치 못하다는 것이다.

사회 변화와 조직의 변화에 대응하는 조직문화와 양성평등의식의 필요성이 '제3차 양성평등정책 기본계획(2023~2027)' 등 각종 정책 수립에 반영되고 있음에도 불구하고, 여전히 일부 조직문화에서는 성차별 및 성추행 · 성폭력이 만연하고 조직 내 괴롭힘 예방 · 대응 · 사후 조치 등이 이루어지기까지 어려움이 존재하고 있다. 직장갑질119가 진행한 '2023 조직진단지수 설문조사'에서는 직장 내 괴롭힘과 관련한 조직문화 점수 변화에서 직장인 상당수가 직장 내 괴롭힘을 당하더라도 지난해보다 신고하기 어려운 환경에 처하였음을 나타냈다. 또, 여성가족부는 공공부문 성별대표성 제고를 위한 종합계획에서 군인 간부 중 여성 비율을 2022년 8.8%에서 2027년 15.3%로 확대할 것을 발표하였으나 여군 인권상황 실태조사(국가인권위원회, 2024)에 따르면 응답자의 35.9%에서 47.3%가 부대 내 여군에 대한 편견 인식의 주요 항목들에서 부정적인 경험을 했던 것으로 보고된다. 응답자는 3,214명(여군)으로, 부정적인 인식 경험에 대한 긍정응답 비율은 "지휘관이나 상급자는 부하로서 여군보다 남군을 더 선호하는 경향이 있다." 47.3%, "지휘관이나 상급자는 여군이 자기 부대에 배치되는 것을 꺼리는 경향이 있다." 38.1%, "동료 남군은 여군이 자기 부대에 배치되는 것을 꺼리는 경향이 있다." 35.9% 순으로 나타났다.

따라서 성폭력으로부터 안전한 성평등 · 가족친화적인 근무여건이 조성되고, 조직 내 괴롭힘에 대한 예방 · 대응 · 사후 조치가 원활하게 이루어지기 위해서는 조직구성원이 양성평등의식을 갖춘 조직문화가 형성되어야 한다.

## 2. 조직문화란?

우리 사회의 다양한 조직에서 문화는 여러 분야에 걸쳐 정의된다. 각 조직마다 기업문화, 행정문화, 군대문화 등 조직의 특색에 맞춰 문화가 형성되고(조태명, 2016), 이러한 조직문화는 조직의 성과와 밀접한 관련이 있다. 조직문화(Organizational Culture)란 조직 내에서 형성되어온 조직 특유의 가치체계를 의미하며, 조직구성원들의 공통된 신념과 규범, 행동양식 등을 포함한다(Pascale & Athos, 1981). 조직문화에 대한 개념 정의는 학자마다 조금씩 견해를 달리 하지만 공통적으로 '어느 한 조직에서 공유된 가치와 규범체계로서 조직의 행동과 태도에 영향을 미치는 요소'라고 할 수 있다(송경재 외, 2022). 따라서, 조직 고유의 정체성은 조직문화 안에서 공유되며, 조직문화는 조직구성원들이 정체성을 갖고 동일한 태도와 행동을 형성하는 데 있어 직접적인 영향을 미친다.

한편, 조직문화는 조직 내 존재하는 문화나 규범을 실천하여 공동으로 목표를 달성하는 것을 의미하기도 하는데(Ahmed & Shafiq, 2014), 따라서 구성원이 모든 조직활동에 적극적으로 참여할 때 효과적인 조직문화가 형성될 수 있다. 이러한 조직문화는 개인 간의 상호작용을 통해 다른 구성원의 행동에 영향을 미치는 가치와 태도를 제공함으로써 형성되는 과정이며, 집단이 외부 및 내부 환경에서의 적응 문제를 해결하는 학습 과정을 통해서 발전한다는 특성을 가진다. 더 많은 구성원이 조직 내 핵심가치를 실천하고 규범을 명확히 할 때, 또 이를 수용하고 공유함으로써 발전된 조직형태를 만들게 된다(Lubis & Hanum, 2020).

## 3. 조직문화의 기능과 유형

조직문화는 조직의 내 · 외적 상황에 따라 변화할 수 있으며, 조직 관리자들이 조직의 목적을 달성시키기 위해 의도적으로 변화시킬 수도 있다(김영아 & 이재은, 2021). 이에 따라 조직문화의 기능과 유형이 어떻게 구분되고, 조직의 성과에 어떤 방식으로 영향을 미치는지 살펴보는 것이 또 다른 중요한 요소라 할 수 있다.

조직문화의 기능은 우선, 개인적 이익을 넘어서는 공동의 목표를 설정하고 구성원 및 상급자와의 의사소통을 원활하게 한다(Lubis & Hanum, 2020). 다음으로, 개인이 이해하고 행동하는 방식과 태도를 형성하여 조직 내 환경에 적응하도록 도우며, 또한 구성원과 집단이 다른 조직과 상호작용하는 방식에 영향을 미치기도 한다. 이처럼 조직문화는 집단이 임무와 책임을 수행하면서 합의된 목표와 목적을 달성하도록 하는 데 기여할 뿐만 아니라, 구성원에게 정체성을 부여하여 다른 조직과 구별되는 특징을 드러내게 하고 이를 내면화시키기도 한다(Kalaichelvi et al., 2017).

조직문화를 구분하는 이유 중 하나는 조직의 공유된 가치에 따라 조직의 성과가 달라지며, 조직구성원들이 어떤 의식을 갖추고 있는가에 따라 그 유형이 다르게 구성되기 때문이다. 이는 조직의 구성원들이 복합적인 조직문화를 다르게 인식할 수 있고, 또한 그들의 참여와 노력에 따라 조직문화에 대한 인식이 변화될 수 있음을 포함한다(Quinn & Kimberly, 1984). 조직문화는 다양한 유형으로 나타나지만, 구성원들 간 공유하는 조직 고유의 문화가 성립된 경우 조직문화는 정형화된 모습으로 분류된다. Quinn은 조직문화의 유형을 단순한 한 가지로 보는 시각이 아닌, 여러 개의 조직문화 유형들이 복합적으로 형성될 수 있음을 발견하였으며, 그 중 조직마다 서로 다른 문화적 가치들이 공존하며 네 가지 조직문화 유형으로 분류된다는 Cameron & Quinn(1999)의 경쟁가치모형(competing value model)이 조직문화를 유형화하기 위해 주로 활용된다. 경쟁가치모형은 집단문화(clan culture), 혁신문화(adhocracy culture), 성과문화(market culture), 위계문화(hierarchical culture)의 특성으로 조직문화 유형을 구분하는데, 이를 유형별로 정리하면 다음 〈표 9-1〉과 같다. 조직문화 유형은 두 가지 선호 차원에 따라 분류되며, 첫째는 유연성(flexibility) 대 통제(control), 둘째는 내부지향성(inter) 대 외부지향성(external)이다. 유연성은 조직구성원들의 자율성과 자발성을, 통제는 질서 및 효율성을 통한 안정성 추구를 강조하며, 내부지향성은 조직 내부의 통합을, 외부지향성은 조직 외부의 환경, 적응, 상호관계를 강조한다(Parker & Bradley, 2000).

[표 9-1] 경쟁가치모형에 따른 조직문화 유형별 개념과 특징

| 조직문화 유형 | 유형별 개념 정의 | 특징 |
|---|---|---|
| 집단문화<br>(관계지향문화) | • 조직을 하나의 가족과 같은 집단으로 보는 문화<br>• 구성원 간의 유대와 협력, 신뢰가 중심 | • 유연성과 내부지향성 강조<br>• 팀워크, 협력, 참여, 합의 중시<br>• 전통과 충성심이 조직을 결속<br>• 집단주의 및 획일화된 조직분위기 형성 우려 |
| 혁신문화<br>(혁신지향문화) | • 혁신, 창의성, 위험 감수를 통해 성장을 추구하는 문화<br>• 역동적이고 창업가적 성향이 강함 | • 유연성과 외부지향성 강조<br>• 실험적이고 다양한 견해, 창의력 개발<br>• 새로운 자원/시장 창출<br>• 조직 운영에 안정성 부족, 혼란 · 불확실성 |
| 성과문화<br>(시장지향문화) | • 성과와 경쟁을 최우선으로 하는 결과지향적 문화<br>• 외부 환경에 집중하며, 승리와 성과가 조직 결속에 중심 | • 통제와 외부지향성 강조<br>• 성과지향으로 역동적인 조직분위기 형성<br>• 목표 달성, 생산성, 시장 경쟁 우위에 집중<br>• 지나친 경쟁과 압박, 내부 유대 · 돌봄 부족 |
| 위계문화<br>(위계지향문화) | • 규칙과 절차를 통한 통제와 안정성을 중시하는 문화<br>• 효율성 · 일관성 확보를 위한 명확한 구조와 제도 강조 | • 통제와 내부지향성 강조<br>• 공식화된 절차와 규정이 업무를 지배<br>• 지나친 규정과 규율, 관리감독으로 수동적 분위기 형성, 변화와 대응에 취약 |

출처 : Cameron & Quinn(1999).

**활동해보기 2**

1. 경쟁가치모형을 기준으로 우리 군(특히 육군)의 조직문화는 어떤 유형에 해당하는지 논의해 보자.

2. 위 논의를 바탕으로 해당 유형에 속하는 우리 군(특히 육군)의 조직문화는 어떤 특징을 지니고 있는지 생각해 보자.

군 조직문화는 목표의 특수성으로 인해 일반조직과 전혀 다른 형태의 조직 고유의 문화를 가지고 있고, 조직구조 및 조직구성원, 조직의 환경 등이 민간 조직과 달라 고유한 특성을 보인다(민진, 2011). 군 조직 내의 구성원들은 군대 안에서 이루어지는 특수한 생활방식과 교육, 단체활동 등을 통해 군대의 전통과 관습을 계속해서 체화하며, 이는 군의 조직을 관리하고 군 조직문화를 발전시키는 데 있어 중요한 요소로 작용한다. 결국 군의 조직문화는 군대라는 조직사회의 전통과 관습 등의 문화적 측면과 더불어 군대의 구성원들이 공유하는 고유한 의식, 가치관, 태도, 생활양식, 상징체계를 의미한다. 이는 군 조직의 특성인 집단주의, 권위주의, 폐쇄주의와도 연관성이 있다고 볼 수 있다(강제상, 정원희, 2019).

한편, 공공 행정조직의 경우 민간기업과 달리 '공공성'의 가치를 중심으로 사회적 역할과 책무가 더 크기 때문에 명확한 목표와 성과에 따른 적절한 보상을 지향하는 조직유형이 일반적이다(송경재 외, 2022). 비슷한 조직유형으로서 군 역시 일반적인 행정조직과 마찬가지로 관료적이고 계급 · 서열적인 조직이기는 하나, '적으로부터의 승리'라는 특정한 목적과 명확한 결과를 절대적으로 중시한다는 점, 그리고 조직의 사활을 걸고 외부환경과의 경쟁과 성취를 중시한다는 점에서 공공 행정조직과는 엄연히 다르다고 할 수 있다(구혜경 외, 2019). 두 부문의 조직문화 역시 성과지향문화, 위계지향문화 유형이 상대적으로 높게 나타나나, 조직의 배경과 구성원, 업무 특성 등에 따라 상이한 조직문화가 형성될 가능성이 있다. 조직문화 유형이 양성평등의식에 영향을 미친다는 연구결과가 다수 보고됨에 따라[1] 조직 내에서 구성원들이 갖추고 있는 성평등에 대한 의식이 어떻게 공유되고, 또 조직문화가 어떤 유형으로 형성되는지가 성평등한 조직문화를 만들기 위한 중요한 대상들로 논의되고 있다.

1 구혜경, 이하영, & 진영은. (2016). 육군 간부의 군 조직문화 유형이 양성평등의식에 미치는 영향. 한국군사회복지학, 9(2), 115-146.
김영아, & 이재은. (2021). 기업근로자가 인식한 조직문화 유형에 따른 양성평등의식의 차이. 한국콘텐츠학회논문지, 21(7), 533-545.

**활동해보기 3**

"위계질서 강한 기업...글로벌 인재 모시려면 사내문화 바꿔라" [글로벌인재포럼 2023]

“한국 기업들이 부족한 인재를 찾기 위해 해외로 눈을 돌리고 있지만 지금과 같은 경직된 조직 문화에서는 글로벌 인재 유치가 불가능합니다.”

댄 웨스트가스 딜(Deel) 최고운영책임자(COO)는 2023년 11월 2일 ‘글로벌인재포럼 2023’에서 그는 “앞으로 한국 기업들의 가장 큰 과제는 인재 확보와 유지가 될 것”이라고 말했다. 딜은 2019년 미국 실리콘밸리에서 설립된 글로벌 인사관리 기업으로, 현재 약 100개국에서 직원 3000여 명이 원격 근무 중이다.

리크루트인사이트 조사에 따르면 국내 300여 개 기업 인사관리 의사결정권자 중 53%가 ‘인재 확보 및 유지’를 가장 큰 고민으로 꼽았다. 운영 비용(32%), 거시경제 요인(29%)보다 높은 비율이다. 특히 AI 분야는 세계적 경쟁으로 인해 인재 확보난이 심각해, 웨스트가스 COO는 “AI 분야에선 2027년 6만 명 정도의 근로자가 부족할 것”이라고 전망했다.

부족한 인력을 채우기 위해 기업들은 해외 인재 영입을 시도하고 있지만, 웨스트가스 COO는 한국 조직문화가 걸림돌이라고 지적했다. 그는 “한국 기업은 위계질서가 강하고 상명하달식 문화가 만연하며, 부서 간 벽이 높아 소통이 부족하다”고 말했다. 그러면서 “기업문화를 바꾸고 사내 협력을 강화해야 하고, 원격 근무 등 유연한 업무환경 제공도 필요하다”고 제안했다.

전문가들은 4차 산업혁명 시대에는 인재상 자체가 달라졌다고 강조한다. 인사조직 자문기업 퀀텀인사이트 황성현 대표는 “예전에는 인풋 대비 아웃풋이 예측 가능해 성실성이 핵심이었지만, 지금은 빠르게 혁신할 수 있는 전문성이 중요하다”고 말했다. 그는 구글 재직 시절 “회사가 비밀리에 뇌과학자를 채용하는 걸 보고 AI 시대를 대비한 것임을 알았다”고 밝혔다.

구성원 몰입도 관리도 조직 경쟁력을 좌우하는 요소로 꼽힌다. 기업 성과관리 지원 서비스를 제공하는 레몬베이스 권민석 대표는 “아마존과 마이크로소프트(MS)는 매일 구성원에게 조직 경험 설문을 시행하고, 어도비·엔비디아는 분기마다 몰입도를 측정한다”고 설명했다. 그는 “입사자뿐 아니라 퇴사자의 경험까지 관리해야 한다”고 덧붙였다.

출처 : 한국경제 | https://www.hankyung.com/article/202311028974l

**활동해보기 3**

1. 앞으로 조직은 경쟁가치모형에서 어떠한 조직문화 유형을 갖추는 것이 필요할까? 다음 기사를 읽고, 경쟁가치모형에서 어떠한 조직문화 유형이 인재 확보 및 유지에 유리할지 논의 해보자.

2. 강한 위계질서와 상명하달식 문화가 만연한 조직문화를 개선하기 위해 어떤 노력을 할 수 있을지 생각해 보자.

**활동해보기 4**

### [한노사연 기고] 직장 조직문화 조사 결과에 대하여

직장갑질119가 2023년 발표한 '조직진단지수'에서 올해 직장문화 점수는 60.7점으로, 전년 68.7점보다 크게 떨어졌다. 25개 평가 항목 가운데 전년 대비 향상된 항목은 없었으며, 특히 '직장 내 괴롭힘 관련 지표'가 대폭 악화된 것으로 나타났다. 괴롭힘 신고자의 신원 노출 우려는 62.2점에서 51.7점으로 떨어졌고, 신고 후 직장 생활이 어려울 것이라는 항목도 66.5점에서 54.6점으로 낮아졌다. 괴롭힘이 인정되어도 합당한 처벌이 이뤄지지 않을 것이라는 항목, 신고해도 괴롭힘이 줄지 않을 것이라는 항목 등도 모두 10점 이상 하락했다. 전반적으로 올해 직장인은 지난해 2022년 보다 훨씬 '신고하기 어려운 환경'에 놓여 있다는 결과다..

직장 내 괴롭힘은 개인의 정신적·신체적 피해뿐 아니라 조직에도 손실을 초래한다. 한국직업능력개발원 조사에 따르면 괴롭힘 1건이 기업에 끼치는 손실은 약 1550만 원으로 추정되었고, 산업 전체 기준으로는 연간 약 4조 7800억 원 규모의 손실이 발생한 것으로 분석되었다.

휴가·병가 같은 기본적 휴식권도 규모가 작은 사업장에서 불리한 것으로 나타났다. 5인 미만 사업장은 아파도 마음 편히 쉬기 어렵다는 응답이 53점으로, 300인 이상 사업장보다 10점 정도 낮았다.

국제노동기구 ILO의 2022년 조사에서도 세계 노동자 22.8%가 직장에서 괴롭힘을 경험한 것으로 나타나, 괴롭힘 문제는 국제적으로도 주요 노동 이슈다. 스웨덴·프랑스·호주 등 여러 나라에서는 이미 별도 법률이나 강력한 처벌 규정을 마련해 직장 괴롭힘을 규율하고 있다.

우리나라는 2019년 근로기준법 개정(제76조의2)으로 직장 내 괴롭힘 금지제도를 도입했고 2021년 추가 개정으로 사용자의 조사 의무와 과태료 부과 규정을 강화했다. 그러나 직장갑질119는 '지난 1년 동안 괴롭힘 예방·신고·사후조치 체계가 오히려 후퇴했다'고 분석했다.

출처 : 한국경제 | https://www.laborplus.co.kr/news/articleView.html?idxno=32864

## 활동해보기 4

1. 조직 내 괴롭힘을 예방, 대응, 사후조치할 수 있는 문화를 만들기 위해서는 어떤 노력을 해야 할까? 다음의 기사를 참고하여, 군 조직 내 괴롭힘이 발생했을 때 신고하기 어려운 이유에 대해 논의 해보자.

2. 내가 지휘관(상관)이라면 부대 내 괴롭힘 및 성추행 · 성폭력 등의 사례가 발생했을 때 예방, 대응, 사후조치할 수 있는 조직문화를 만들기 위해서 어떤 노력을 할 수 있을지 생각해 보자.

**활동해보기 5**

제3차 양성평등정책 기본계획 (2023 ~ 2027)

3-2 성별 기반 폭력 대응 강화

[1] 조직 및 공동체 역량 향상

- 공공부문 성희롱·성폭력 사건 대응 및 재발방지 강화 (여성가족부)
  - 사건 발생 및 사건처리에서의 조직문화 및 조직대응 역량 진단, 사건처리체계 개선, 성차별적 조직문화 개선방안 권고
  - 사건발생기관에 대한 '조직문화 진단'과 '기관 조직문화 개선 및 행위자 인식 교육' 간 연계·협업 운영

4-3 성별 대표성 제고

[2] 민간부문 성별 균형 참여 확대

- 기업의 성별균형 문화 지원 및 사회적 공감대 확산 (여성가족부)
  - 기업의 성별균형적 조직문화 조성을 위해 정책현장 모니터링, 맞춤형 실행계획 및 교육을 연계 지원하는 조직문화 컨설팅 실시
  - 성별균형 인력 채용, 경력개발 지원, 가족친화 제도 등 우수사례 발굴·공유 및 확산을 위한 간담회 등 개최
  - 민간기업 우수사례 공유 및 공감대 확산을 위한 현장방문 추진

5-2 성 주류화 추진 역량 제고

[2] 공무원 성인지 정책 역량 강화

- 양성평등 조직문화 진단 및 개선 지원 (여성가족부)
  - 정부·공공기관의 조직 구조, 인적 구성, 자원 배분, 문화·의식, 정책·서비스 전달 과정 전반을 양성평등 관점에서 진단할 수 있는 지표 개발
  - 정부·공공기관의 양성평등 수준을 진단하고 컨설팅을 통해 성인지 정책 추진 역량을 강화할 수 있는 제도 개선을 지속적으로 지원할 수 있는 법·제도적 기반 마련

## 활동해보기 5

1. 다음은 제3차 양성평등정책 기본계획에서 제시한 성평등한 조직문화 형성에 대한 계획이다. 이를 참고하여 군에서 양성평등한 조직문화를 만들기 위한 대안을 제시 해보자.

## 참고문헌


[ 국내문헌 ]

강제상 & 정원희. (2019). 군의 조직문화가 조직효과성에 미치는 영향. 한국조직학회보, 16(3), 31-52.

구혜경, 이하영 & 진영은. (2016). 육군 간부의 군 조직문화 유형이 양성평등의식에 미치는 영향. 한국군사회복지학, 9(2), 115-146.

국방부(2023). 국방혁신 4.0 기본계획 [정책보고서]. https://nsp.nanet.go.kr/plan/main/detail.do?nationalPlanControlNo=PLAN0000035393

국가인권위원회(2024). 여군 인권상황 실태조사 [보고서]. 국가인권위원회. https://www.humanrights.go.kr/base/board/read?boardManagementNo=17&boardNo=7610825&menuLevel=3&menuNo=115

권혁철 & 이창원. (2013). 한국군의 조직문화 차이에 관한 실증적 연구. 한국사회와 행정연구, 23(4), 219-241.

김영아 & 이재은. (2021). 기업근로자가 인식한 조직문화 유형에 따른 양성평등의식의 차이. 한국콘텐츠학회논문지, 21(7), 533-545.

민진. (2011). 군대조직문화 특성의 도출과 분석. 한국조직학회보, 8(3), 91-121.

송경재, 장유정, 이상봉 & 석혜선. (2022). 성인지 감수성을 묻고 답하다. 서울: 양서각.

여성가족부(2023). 공공부문 성별균형 달성 중장기 로드맵 마련 [보도자료]. https://www.mogef.go.kr/nw/rpd/nw_rpd_s001d.do?mid=news405&bbtSn=709406

여성가족부(2023). 제3차 양성평등정책 기본계획 (2023-2027) [정책계획]. https://www.mogef.go.kr/mp/pcd/mp_pcd_s001d.do?bbtSn=704946&mid=plc500

조태명. (2016). 군 조직문화 인식이 직무만족에 미치는 영향에 관한 연구: 상사신뢰의 매개효과를 중심으로 (박사학위청구논문). 단국대학교.

[ 국외문헌 ]

Ahmed, M., & Shafiq, S. (2014). The impact of organizational culture on organizational performance: A case study of telecom sector. Global Journal of Management and Business Research, 14(3), 21-30.

Cameron, K. S., & Quinn, R. E. (1999). Diagnosing and changing organizational culture: Based on the competing values framework. Addison-Wesley.

Lubis, F. R., & Hanum, F. (2020, December). Organizational culture. In 2nd Yogyakarta

International Conference on Educational Management/Administration and Pedagogy (YICEMAP 2019) (pp. 88-91). Atlantis Press.

Parker, R., & Bradley, L. (2000). Organisational culture in the public sector: Evidence from six organisations. International Journal of Public Sector Management, 13(2), 125-141.

Pascale, R. T., & Athos, A. G. (1981). The art of Japanese management. Business Horizons, 24(6), 83-85.

[ 온라인 ]

덕성여대신문(2024.10.07.). "차별이 만연한 군대 내 여성". http://www.dspress.org/news/articleView.html?idxno=11737

소방방재신문(2024.11.20.). "[119기고] 성평등 조직문화 형성에 관한 고찰". https://fpn119.co.kr/225282

참여와 혁신(2023.12.11.). "[한노사연 기고] 직장 조직문화 조사 결과에 대하여". https://www.laborplus.co.kr/news/articleView.html?idxno=32864

한겨레21(2022.05.30.). ""저 같은 여군은 죽어야겠습니다" 다시 없도록". https://www.hani.co.kr/arti/society/society_general/1044862

한국경제(2023.11.02.). "위계질서 강한 韓기업… 글로벌 인재 모시려면 사내문화 바꿔라". https://www.hankyung.com/article/2023110289741